LE REJET DE L'ÉTAT

DU MÊME AUTEUR

Histoire de Flore
Pourquoi des philosophes?
Pour l'Italie
Le Style du Général
Sur Proust
La Cabale des dévots
En France
Contrecensures
Lettre ouverte a la droite
Penseurs grecs et latins
La Philosophie classique
Ni Marx ni Jésus
Idées de notre temps
La Tentation totalitaire
La Nouvelle Censure
Un festin en paroles
La Grâce de l'État
Comment les démocraties finissent

JEAN-FRANÇOIS REVEL

LE REJET DE L'ÉTAT

BERNARD GRASSET
PARIS

A Mario Vargas Llosa

Tu as su, mon cher Mario, dans ta création romanesque, comme dans ton œuvre d'essayiste et de journaliste, comme dans ton action hardie et longtemps solitaire, dévoiler cette Amérique latine, indienne, africaine, toujours à la recherche de sa culture politique. A l'inverse de tant de prétendus écrivains révolutionnaires, qui tirent du sang du peuple l'encre de leur opulent carriérisme, toi, fidèle aux humbles de ton pays et de ton continent, tu n'as jamais proposé ni justifié en leur nom ni à leur place l'opposé de ce qu'ils souhaitaient. Avec eux et pour eux, tu n'as jamais désespéré ni de la démocratie ni de sa première condition : la vérité.

PRÉFACE

Depuis 1982, j'écris chaque mois dans *le Point* un article assez étendu, moins éditorial sur l'actualité que petit essai à partir d'un thème général que suggère l'actualité. Au moment de réunir en volume ces réflexions, je m'aperçois qu'une idée commune les domine et leur confère après coup une sorte d'unité : c'est l'idée que l'État s'étend beaucoup trop et qu'une réaction de la société contre cette invasion est en train de se produire. D'où le titre de ce recueil. Autant qu'une conviction personnelle il traduit un changement dans les mentalités, un retournement de la sensibilité collective, dont mes articles n'ont le plus souvent constitué que l'écho et le reflet. Pour prendre dans l'économie un premier exemple, c'est en effet au cours de ces deux années écoulées qu'en France (mais la France ne faisait que rejoindre un courant apparu plus tôt en Grande-Bretagne, aux États-Unis, en Italie, en Espagne et même en Suède et en Finlande) a émergé dans les sondages une majorité d'opinions favorables à l'économie de marché contre le dirigisme, à l'entreprise privée contre l'entreprise nationalisée, à l'initiative individuelle contre l'intervention de l'État et même au profit capitaliste contre l'État providence [1].

1. Voir entre autres le sondage BVA paru dans *l'Expansion* du 7-20 octobre 1983, n° 223, repris dans le volume de la collection Pluriel *les Sept Crises*, et commenté par J. Fontaine sous le titre « Les Français ont viré leur cuti ».

Dans *l'Express* du 8 juin 1984, un sondage AESOP (Association pour l'Étude des Structures de l'Opinion Publique) confirmait cette tendance. Voici un certain nombre d'informations auxquelles l' « échantillonnage représentatif de la population française » était invité à répondre « d'accord » ou « pas d'accord » :
– *Il y a trop de fonctionnaires :* d'accord 45 %; pas d'accord 29 %; sans opinion 26 %.
– *Depuis plusieurs années, la France est une nation d'assistés :* d'accord 38 %; pas d'accord 31 %; sans opinion 31 %.
– *En France, on étouffe l'initiative individuelle :* d'accord 54 %; pas d'accord 20 %; sans opinion 26 %.
– *Les entreprises sont écrasées sous les charges sociales :* d'accord 71 %; pas d'accord 11 %; sans opinion 18 %.
– *Il faut diminuer le rôle de l'État :* d'accord 41 %; pas d'accord 27 %; sans opinion 32 %.
– *Les entreprises nationalisées sont aussi efficaces que les privées :* d'accord 30 %; pas d'accord 41 %; sans opinion 29 %.

Les réponses à l'affirmation suivante montrent bien la contradiction qui règne encore dans les esprits concernant les véritables mécanismes de l'économie. En effet, à la proposition :

Ce retournement de l'opinion ne se manifeste pas dans la seule sphère de l'économie, il apparaît ou se renforce également dans celle de l'enseignement (77 % des Français en faveur du libre choix de l'école où l'on met ses enfants [2]) ou en faveur de la liberté de la presse. Quant à la désertion de la gauche par les intellectuels français, tant déplorée en 1983 par le porte-parole du gouvernement, à quoi tient-elle sinon, entre autres, au rejet de la prétention dirigiste et normative de ce gouvernement dans le domaine culturel aussi [3]?

Cette méfiance grandissante à l'égard du gonflement de l'État provient sans doute en partie du discrédit qui frappe le « socialisme réel ». Depuis 1981 ce discrédit, déjà profond, a connu la plus forte accélération de l'après-guerre. Selon un sondage Sofres de décembre 1982, 11 % seulement des Français jugent « plutôt positif » le bilan soviétique et 69 % plutôt négatif

– *Il faut laisser tomber les industries en perte de vitesse* : 18 % ont répondu d'accord; 62 % pas d'accord; 20 % sont sans opinion.

Comment peut-on éviter d'avoir une nation d'assistés si l'on entretient des industries déficitaires? A part ce dernier détail, l'ensemble des réponses ci-dessus dessine un retournement de l'opinion en faveur d'une société d'entreprise et d'initiative.

2. Voir le volume *Sofres-Opinion publique,* Gallimard, 1984. Un autre sondage (AESOP-*Express* 8 juin 1984) donne 63 % en faveur de l'école libre.

3. Voir plus bas : « Pitié pour la culture », « Le bal des cerveaux » et « Realkultur ».

(20 % sans opinion)[4]. Comment écarter l'hypothèse qu'un jugement aussi sévère sur les sociétés entièrement étatisées rejaillit naturellement sur toute forme d'étatisme en général, y compris celui des sociétés rattachées encore en partie au système du marché et de la liberté individuelle? Il suffit d'un peu de bon sens au citoyen moyen pour se dire que, si les sociétés où l'État s'occupe de tout tombent en faillite, il n'est peut-être pas très judicieux d'élargir son rôle dans les sociétés où il ne détient pas encore l'intégralité des pouvoirs.

François Mitterrand a, dans une interview à *Libération* du 10 mai 1984, cru trouver une parade à la défaveur de l'étatisme en réchauffant la tisane de l'« économie mixte », cette vieillerie datant de la Première Guerre mondiale. Recourir à cette idée rebattue revient à ne pas choisir entre la logique de l'État et celle du marché. Abstention impossible, car dans toute économie mixte l'une des deux logiques l'emporte de toute nécessité sur l'autre et lui impose sa loi ; c'est-à-dire qu'il n'y a pas d'économie vraiment mixte. Dans la France socialiste, le seul fait que les présidents des entreprises et banques nationalisées soient révoqués dès qu'ils résistent au pouvoir politique montre bien que l'étatisme domine le marché, en dépit de toutes les assurances d'« autonomie de gestion » pério-

4. Dix ans auparavant, les réponses étaient 28 % plutôt positif et 43 % plutôt négatif, 29 % sans opinion. (*Sofres-Opinion publique, op. cit.*, p. 248.)

diquement prodiguées aux responsables des banques et du secteur para-étatique.

La remise en cause actuelle des vertus de l'État s'étend même à l'explication du sous-développement. Un socialiste, Edgard Pisani, commissaire européen pour les problèmes du développement, ne craint pas d'écrire que les pays du tiers monde n'attendent plus rien « ni du socialisme comme modèle ni de la Russie soviétique comme puissance tutélaire », et cet auteur attribue à l'étatisme excessif les échecs les plus voyants de certaines politiques de développement [5]. Retenons qu'au cours des deux années que couvrent les textes regroupés ici la réflexion sur le tiers monde a connu elle aussi une brusque mutation, dont à plusieurs reprises j'ai été amené à prendre acte, comme on le verra. La découverte des pays dits « récemment industrialisés », de ceux aussi (ce sont souvent les mêmes) qui ont imprimé une expansion salutaire à leur production agricole, a poussé les cœurs et les esprits à moins de partialité, dans le contexte même du tiers monde, en faveur des dirigismes étatiques et à plus d'équité envers les économies de libre entreprise et de marché. Les faits, il est vrai, avaient tranché. Encore fallait-il accepter de les homologuer [6].

5. Edgard Pisani, *la Main et l'outil*, R. Laffont, 1984.

6. Ces nouveaux développements transforment d'ores et déjà la structure des échanges entre le « Sud » et le « Nord ». C'est ainsi que les pays du Sud-Est asiatique et

Bien que tout titre constitue une simplification et que certains des articles ci-après ne se rangent pas en toute rigueur sous le titre adopté, je crois cependant que le fil conducteur du « rejet de l'État » n'est pas artificiel. J'en ressens la validité, tant il s'agit d'un thème que l'évolution des faits et des mentalités m'a imposé, à mon insu parfois, durant cette période, à propos de questions et dans des contextes souvent très différents les uns des autres.

On peut trouver simpliste le débat qui s'est instauré dans de nombreux pays industrialisés ou sous-développés (et même en Chine!) sur la question de savoir s'il nous faut « plus d'État » ou « moins d'État ». Au cours d'un débat aux Rencontres de *l'Expansion*, en mars 1984, l'ancien Premier ministre, M. Raymond Barre, a même qualifié ce débat de puéril. Je conviens qu'il serait naïf de croire que l'on puisse à volonté « augmenter » ou « diminuer » la part de l'État dans des sociétés où cette part est le résultat d'une longue histoire et d'habitudes d'action ou d'inaction invétérées. Mais ce serait faire preuve d'un singulier manque d'oreille que de ne pas percevoir la voix de l'opinion, qui, comme toutes les opinions, ramène la question à un choix entre grandes masses simples. Pour

d'Amérique latine vendent aujourd'hui aux États-Unis plus de produits manufacturés que ne le fait le Japon.

rudimentaire que soit le schéma qu'elle se donne, il n'en exprime pas moins un besoin, qu'il incombe à l'homme politique d'interpréter, non de nier. Une aspiration confuse n'en est pas moins une aspiration, et c'est à lui imprimer une forme que doit servir le talent politique.

Au surplus, en France, notamment depuis 1981, le débat sur « plus d'État » ou « moins d'État » est loin de s'être cantonné dans des généralités vagues. Un foisonnement de livres et de revues d'inspiration libérale, à peu près les seuls succès de librairie de la période dans le domaine de l'essai politique, a entassé des études précises sur le problème. Pour tout libéral, le but est de rejeter non l'État mais l'étatisme, c'est-à-dire la maladie qui rend l'État incapable de remplir sa fonction parce qu'il veut assumer les tâches qui appartiennent à la société et aux individus.

En somme, ce qui est ressenti, c'est que l'État s'empare de toutes sortes de fonctions qui appartiennent à la société, mais qu'en même temps il assume mal les siennes. Prenons un exemple qui paraît éloigné de notre propos : les accidents de la route. Quand se produit une catastrophe comme celle de Beaune en 1982, l'État prend l'argent des contribuables pour indemniser les familles des victimes et remplacer ou épauler les compagnies d'assurance. Par là, il fait sa propre publicité. Mais il ne remplit pas son véritable rôle : la tâche ingrate de faire respecter le code de la route, de réprimer les excès de vitesse, notamment ceux des poids lourds et des transports en commun [7].

Dans ce sens, on peut dire qu'il y a tout à la fois trop et pas assez d'État. L'aigreur publique contre la dilatation étatique part d'une intuition fort juste : que l'État s'approprie une quantité croissante de branches d'activité non pas pour les faire mieux fonctionner mais pour accroître son pouvoir. Son but est de se renforcer lui-même, de détruire tout pouvoir distinct du sien, tout pouvoir qui lui demeure extérieur. Il veut

7. Voir ci-après : « Le cancer routier ». La loi du 8 décembre 1983, beaucoup plus sévère (elle a ramené le taux légal d'alcoolémie à 0,80 gramme par litre), demande, pour être vraiment appliquée, l'utilisation de nouveaux appareils de dépistage.

Or, malheureusement, ces nouveaux appareils n'étaient même pas en fabrication six mois après le vote de la loi. Il faut cependant reconnaître en toute objectivité que le nombre de tués et de blessés graves a considérablement reculé depuis dix ans, passant en France de 16 900 tués (1970) à 12 300 (1980). Curieusement ou très logiquement cette diminution a été provoquée par la crise pétrolière de 1973, le souci d'économiser et la crainte d'une rupture des approvisionnements. La crise de l'énergie a fait accepter par les automobilistes des limitations de vitesse qui, même si elles ne sont qu'imparfaitement observées, ont eu un effet important. (Voir Christian Gérondeau, *l'Énergie à revendre*, J.-C. Lattès, 1984, p. 90.) La construction de nombreuses autoroutes nouvelles a fait le reste. Mais la police et la gendarmerie n'imposent le respect quotidien du code ni sur les routes ni en ville.

l'absorber, non pour le rendre plus productif, mais pour en nourrir le sien propre. C'est tout le secret des nationalisations, et en particulier celle du crédit, dont le mobile, exclusivement politique, reste étranger à l'économie et aux exigences de la prospérité nationale. Les citoyens n'ont qu'à moins bien vivre, afin que l'État soit plus fort! – pour lui, pas pour la société. Ce penchant ne date pas de la prise du pouvoir par les socialistes[8].

Par exemple, aussi bien sous le dirigisme prétendument libéral que sous le socialisme, l'État français a pris soin de châtier toute entreprise qui parvenait à faire un tant soi peu de bénéfices. Le grand art, pour une entreprise, consistait à se mettre en difficulté pour obtenir une aide de l'État, dont l'octroi procurait aux fonctionnaires la satisfaction de se muer en conseillers, à la fois cassandres et mentors de l'industrie. Encore l'entreprise aidée devait-elle réduire son déficit, mais surtout ne pas faire de profit. Dès qu'une entreprise se permettait de réaliser par ses propres moyens un sou de bénéfice, l'État s'ingéniait de toute urgence à inventer un nouvel impôt pour mettre un terme à ce scandale. Après des années de cette guerre totale pour extirper le profit, l'État s'est plaint de ce que les entreprises n'eussent pas investi et le leur a reproché! L'État veut bien que les

8. Sur ce point, je renvoie au *Juste Pouvoir* d'Yves Cannac, Pluriel.

entreprises investissent de l'argent public pour combler des pertes, mais il assassine en revanche celles d'entre elles qui pourraient investir leurs profits, si on leur en laissait suffisamment, et ainsi se moderniser, rester ou redevenir concurrentielles. En d'autres termes, dans la vision étatique, il est moral qu'une entreprise gaspille l'argent des contribuables pour combler un déficit, mais il est immoral qu'elle consacre à la préparation de l'avenir un bénéfice acquis par ses propres mérites.

Ces tarentules de l'État touche-à-tout exerçaient déjà leurs ravages avant 1981. C'est au régime de Vichy que remonte la manie « planiste », le rôle omnipotent du ministère des Finances comme « forteresse » à partir de laquelle se régente l'économie nationale, enfin tout un esprit dirigiste symbolisé par la création du ministère de la Production industrielle, devenu sous la IVe République ministère de l'Industrie. Aussi un économiste, étudiant les perspectives de dénationalisation et de déréglementation pour l'après-socialisme, propose-t-il entre autres mesures la suppression pure et simple du ministère de l'Industrie [9]! Les critiques actuels de l'étatisme n'épargnent pas les gouvernements d'avant 1981, encore que le dernier d'entre eux ait avec courage libéré les prix. Mais de façon générale les entreprises n'ont guère

9. Dans *la Liberté à refaire*, Pluriel, 1984. Voir 2e partie, chap. VII. « La dénationalisation », par Bertrand Jacquillat.

connu depuis la guerre d'autre régime que le contrôle des prix et des salaires [10], des changes, de l'emploi, de la création et de l'orientation des entreprises, à quoi s'ajoutait l'encadrement du crédit, par la grâce duquel entreprises et banques, nationalisées ou privées, se voyaient imposer les figures d'un ballet réglé par le ministère des Finances, aucune banque n'ayant la faculté de proposer à un client un service différent de la banque voisine. Le chef d'entreprise français, depuis longtemps, n'est plus qu'un chef comptable. Et la Banque de France, contrairement à la plupart des autres instituts d'émission dans les pays à économie libre, ne jouit d'aucune réelle indépendance par rapport au gouvernement. Aussi nombre de Français englobent-ils dans la réprobation du pouvoir socialiste le « socialisme rampant » d'avant 1981. Et pas seulement dans le domaine économique : on observe par exemple que René Haby, le premier des deux ministres de l'Éducation nationale qu'eut Valéry Giscard d'Estaing, mit en œuvre une réforme qui se bornait à reprendre le projet d'« école fondamentale » de la très socialiste Fédération de l'Éducation nationale, dont la réforme Legrand constitua en 1982 une autre mouture [11]. Au cours d'une conférence-

10. C'est surtout le blocage des prix qui a sévi à peu près constamment. Celui des salaires, supprimé par les gouvernements « de droite », a été rétabli par le pouvoir socialo-communiste après trente années d'interruption !

11. Voir plus bas : « Enseignement : la mise à mort ».

débat dans une grande capitale régionale, au printemps de 1984, j'ai pu constater que le « faux libéralisme » (pour parler comme certains de mes interlocuteurs) d'avant 1981 suscitait presque autant de réserves que le socialisme officiel qui a suivi.

Cependant une différence de nature sépare ces deux formes d'étatisme : elle tient à leurs buts ultimes. Depuis longtemps, l'État irritait parce qu'il augmentait de volume tout en fonctionnant de plus en plus mal. Ces deux évolutions n'ont certes pas manqué de se poursuivre, mais depuis 1981 s'y ajoute un moteur idéologique, un esprit de système qui accélère la subordination de l'économique au politique. Dans une société socialiste, l'économie n'est qu'un des moyens de la politique. C'est ce qui distingue radicalement les nouvelles nationalisations des anciennes, comme je l'avais exposé dans un précédent livre [12]. L'ancien dirigisme émanait de la conviction qu'avait l'État d'être plus qualifié que les entrepreneurs privés pour gérer l'économie. Il avait tort ou raison, mais il se plaçait du point de vue de l'intérêt, bien ou mal compris, de l'économie. Le pouvoir socialiste, lui, ne se place plus du point de vue de cet intérêt, sauf dans la mesure, bien entendu, où une trop forte détérioration du niveau de vie peut lui causer un dommage politique. Car c'est en politique qu'il raisonne, et c'est pour acquérir davantage

12. *La Grâce de l'État,* 1981, Grasset.

de force en tant que pouvoir politique qu'il veut se subordonner, aussi bien, l'enseignement, l'information, la culture, la justice. Les justifications économiques de ce dirigisme ne sont que des prétextes. Tout le monde voit bien, et le gouvernement tout le premier, que le secteur public coûte fort cher. Mais c'est le prix à payer pour asseoir le pouvoir bienfaisant, le pouvoir socialiste, rédempteur et moral. La santé ne se marchande pas. De même, le projet d'un « service public unifié » de l'enseignement abritait un dessein de conquête idéologique. L'État dirigiste selon le socialisme déborde donc le cas précédent de l'État touche-à-tout qui présume de ses talents et prend par la main la société civile. Il a pour but de détruire tout pouvoir distinct du sien, de l'absorber, de s'en nourrir. Cette tendance devient prédominante lorsque l'État tombe aux mains d'un parti, en l'occurrence de deux, qui se croient la mission de changer la société, l'homme, la vie. A l'étatisation de la société s'ajoute alors la politisation de l'État. L'argent public va aux entreprises (nationalisées ou pas, cela devient secondaire) en vertu de considérations politiques et non économiques. L'argent privé aussi, sur ordre de l'État. Car n'oublions pas que si presque toutes les banques sont nationalisées, l'argent qui s'y trouve, lui, ne l'est pas. Il appartient aux déposants. L'État n'en dispose pas moins désormais comme si c'était le sien, donnant l'ordre aux présidents des banques d'accorder aux entreprises à la fois déficitaires et politiquement importantes « des crédits consentis sous la pression des pouvoirs publics et qui ne seront vraisemblablement jamais remboursés » [13]. Un président de banque résiste-t-il? On le limoge. Ainsi, le Crédit commercial de France et la Banque Worms auront chacun vu défiler en trois ans trois Pdg différents. Le dernier en date du CCF, Daniel Deguen, était coupable d'avoir « égratigné certains milieux de la majorité [13] ». Aussi *le Monde* écrit-il à bon droit : « Si la présidence d'une banque française est devenue un poste politique, on peut sérieusement s'inquiéter sur l'avenir de l'industrie bancaire de ce pays [14]. » On peut s'inquiéter, certes, mais on ne devrait pas s'en étonner. Pourquoi croit-on que furent nationalisées toutes les banques et tant d'entreprises sinon pour en transformer les présidences en postes politiques? Non seulement c'était visiblement inscrit dans le « code génétique » du programme de la nouvelle majorité dès 1981 [15], mais c'était même ouvertement dit et proclamé : que François Mitterrand ait entrecoupé le déroulement de ce programme de propos apaisants sur la « nécessaire autonomie de gestion » des patrons des nationalisées et autres phrases lénitives destinées à sucrer la potion n'empêche

13. François Renard, *le Monde,* 7 juin 1984.
14. Christopher Hughes, *le Monde,* 12 juin 1984.
15. Je me permets de renvoyer à nouveau sur ce point à *la Grâce de l'État,* ch. V.

pas que les modifications structurelles de l'économie prévues dans son programme ont eu lieu.

Le rejet de l'État en France semble donc avoir une double genèse. La première, classique, tient à une prise de conscience en quelque sorte technique de l'effet désorganisateur et paralysant des excès d'interventions et de réglementations. C'est la source de la vague anti-étatique née bien auparavant aux États-Unis, en Grande-Bretagne et qui parvient même aujourd'hui en Finlande [16]. La seconde source, plus particulière à la France, consiste dans la *politisation* de l'État. Non pas, bien sûr, la politisation du *gouvernement* laquelle est le résultat normal de l'alternance en démocratie, mais le détournement du *pouvoir d'État*, qui devrait appartenir à tous les citoyens, au bénéfice d'une idéologie, d'un parti ou d'un groupe de partis. Un parti peut perdre la majorité puis la reconquérir, l'orientation politique du gouvernement changer chaque fois en conséquence et à bon droit. En revanche, il est contraire à la démocratie qu'un parti profite de son passage au gouvernement pour accaparer l'État à son profit, de manière à conserver au moins partiellement cet avantage quel que soit le résultat de futures élections.

Il est assez facile en France de mener à bien

16. Voir l'article du *Wall Street Journal* du 29 mai 1984 (édition européenne) : « *Surge in capital flows to Finland spurs push to deregulate markets.* »

cette opération pour deux raisons. En premier lieu, telles sont les institutions de la Ve République qu'en pratique c'est l'exécutif qui fait la loi. L'Assemblée a perdu le pouvoir réel de l'élaborer, de rejeter ou même de modifier en profondeur les projets du gouvernement. Il n'est pour s'en persuader que de voir la transformation d'une loi de Finances en France et aux États-Unis entre le moment où le projet gouvernemental est présenté aux Assemblées et le moment où il est voté : en France, c'est presque le même; aux États-Unis, sur la ligne d'arrivée il est presque toujours méconnaissable. En outre, pas plus que son pouvoir législatif, l'Assemblée n'exerce en France son pouvoir de contrôle. Ainsi l'exécutif légifère et gouverne à la fois, avec un absolutisme certes issu du système électif mais qui n'en est pas moins un absolutisme. Il rencontre donc peu d'obstacles, s'il entreprend de mettre l'État au service d'un parti.

La seconde des raisons qui facilitent cette tâche tient à l'ampleur des services publics et de la bureaucratie administrative, surtout lorsqu'on fonctionnarise, comme depuis 1981, le plus possible d'agents, de façon à les rendre intouchables lors d'un éventuel futur changement de majorité. L'exemple d'Électricité de France et de Gaz de France, restés sous contrôle communiste depuis qu'un ministre communiste, Marcel Paul, fut ministre de la Production industrielle en 1945, montre la méthode à suivre pour un parti qui veut, par le biais d'un syndicat, s'assurer le monopole d'un grand service public et le conserver quelles que soient les vicissitudes ultérieures de la vie électorale. Or un syndicat est fait pour défendre les intérêts de ses adhérents, pas pour conquérir, comme la CGT en l'espèce, le monopole d'une branche d'activité nationale, et surtout pas de branches aussi vitales que l'Éducation, la Santé, l'Énergie ou les Transports. L'État ne peut remplir sa fonction de protecteur des citoyens contre les monopoles que s'il reste lui-même extérieur à ces monopoles et contrôleur impartial de leur fonctionnement. Si en revanche un État, lui-même identifié à des partis politiques et dominé par l'esprit de parti, se les approprie, il les rend beaucoup plus redoutables et incontrôlables que s'ils étaient restés privés. Le service public devenu monopole partisan exerce alors un pouvoir dictatorial sur les usagers, d'autant plus mal toléré qu'à l'abri de toute concurrence comme de toute sanction il remplit de plus en plus mal son office. C'est alors que s'élèvent des voix pour parler de dénationalisation et de privatisation de certains secteurs publics. La détention d'un monopole d'État comporte des devoirs spéciaux mais comporte aussi hélas! la faculté de les négliger impunément. L'État dénaturé atteint alors un degré d'absolutisme mêlé d'inefficacité qui suscite dans le public une profonde irritation.

Lorsque les communistes accédèrent au pouvoir dans le sillage des socialistes en 1981, des voix s'élevèrent pour mettre en garde le président de la République contre le danger d'infiltration de l'administration et des services publics par les hommes du PCF. L'Élysée et le Parti socialiste écartèrent avec dédain ces avertissements, quoique les procédés communistes dans ce type d'action fussent connus et attestés depuis maintes années et dans maints pays, y compris le nôtre. Les conseillers du président mettaient néanmoins au défi les accusateurs de leur citer des faits précis établissant que le PCF, dans la France socialiste, cherchât à élargir son pouvoir de façon non démocratique. De toute façon, que l'on se rassurât : ils veillaient. Le jour où il y aurait des preuves, ils réagiraient. Or, trois ans plus tard, paraît un livre, *le PC dans la maison* [17], de Denis Jeambar, qui dévoile dans les moindres détails, sans aucune polémique, en se bornant à citer des faits incontestables, l'action patiente et fructueuse des quatre ministres appartenant au PCF pour transformer en fiefs communistes et en source de financement pour leur Parti, les Transports, la Formation professionnelle et la Santé publique, à quoi s'ajoute une habile pénétration de la Fonction publique et des médias. Or, une fois ce livre de Jeambar publié, dossier irréfutable, personne au PS n'a semblé y attacher la moindre importance ni entrepris d'y répondre ou paru décidé à en tirer les enseigne-

17. Paris, Calmann-Lévy, 1984.

ments. Car les communistes conservent ces acquis même après leur départ du gouvernement.

Il est de bon ton, même à droite, d'attribuer à l'habileté de François Mitterrand le déclin électoral du PCF depuis 1978. Étant démocrate, j'incline à l'attribuer plutôt à la clairvoyance du peuple français. Les causes des changements dans la sensibilité collective demeurent si mystérieuses, si imprévisibles, si difficiles à découvrir avec certitude, même après coup, qu'il semble bien léger de décider que le recul communiste en France a dépendu pour l'essentiel non de l'électeur de base mais de l'action d'un seul homme. En revanche, ce qui a bel et bien dépendu de François Mitterrand depuis mai 1981 et se trouvait tout à fait hors de portée de l'électeur moyen, c'était d'empêcher les communistes de pénétrer un certain nombre de centres vitaux de la société française et de s'en rendre maîtres en frôlant habilement les contours de la démocratie. Et cela, François Mitterrand ne l'a pas fait.

La politisation des grands services publics, et notamment la confiscation de certains des plus importants d'entre eux par le PCF, à des fins à la fois politiques et lucratives, explique sans doute pour une large part la nouvelle méfiance à l'égard de l'État. Par exemple, 75 % des membres du corps enseignant votent à gauche, soit environ 40 % de plus, en 1984, que la moyenne nationale. C'est le droit de chaque enseignant, dans l'isoloir, en tant que citoyen, de voter comme il l'entend : mais cela ne lui confère aucun droit en tant que fonctionnaire et cela ne confère aucun droit au corps enseignant dans son ensemble d'agir en parti politique et de réclamer au législateur le privilège d'un monopole, sous prétexte qu'il apporte un fort soutien électoral à la coalition socialo-communiste. Cette conception partisane du service public se traduit d'ailleurs aussi par des mesures concrètes : témoins les milliers de « décharges de service » qui permettent à des enseignants de se consacrer à plein temps au militantisme socialiste ou communiste tout en continuant à percevoir leur traitement. Cette dégénérescence du service public n'a plus grand-chose à voir avec l'idéal de laïcité, lequel était avant tout un idéal de *neutralité* et d'honnêteté intellectuelle. Comme le dit Emmanuel Le Roy Ladurie, « dans le camp gouvernemental qui prend l'initiative, il y a coexistence de deux mentalités, l'une issue d'un XIXe siècle laïque et l'autre d'un XXe siècle autoritaire. Sur ce point, c'est exact, on s'écarte des leçons de Jules Ferry. Il est vrai que l'idéologie a toujours été présente dans l'école d'État. Sous la IIIe République, il s'agissait d'une idéologie purement laïque. Aujourd'hui, chez une minorité non absolument négligeable de collègues, on est en présence, le cas échéant, d'une idéologie qui, du moins, tend à glorifier certains aspects des systèmes de l'Est, ou à excuser leurs crimes. On ne peut pas mettre sur le même plan ce qui se passait de la sorte en 1910, et ce qui se produit maintenant. Si contestable qu'ait été parfois l'idéologie républicaine, elle n'était nullement, elle, le dogme d'un État autoritaire, ou apparenté [18]. »

Lorsque le président du Comité national d'action laïque, M. Michel Bouchareissas, accuse Le Roy Ladurie, précisément, ou Georges Duby, d'être « passés au service de la bourgeoisie », parce qu'ils se sont prononcés pour la liberté de l'enseignement, il utilise un vocabulaire grossièrement marxiste et un langage marqué par la plus vulgaire intolérance, qui n'ont plus rien en commun avec la défense de la liberté intellectuelle. Le plus grave n'est pas qu'il le fasse, c'est qu'il le fasse au nom du service public.

Voilà qui nous ramène à la querelle de mots sur la question de savoir si la France socialiste a couru ou non un risque de « radicalisation ». Querelle de mots, parce que la perception d'un phénomène et la façon de le définir dépendent largement de la sensibilité de l'individu qui le perçoit et le définit. Certains êtres humains peuvent ne pas éprouver le sentiment d'une atteinte à leurs libertés individuelles dans une société où l'État, idéologique et politisé, possède et contrôle – ou influence de façon prépondérante – l'Économie, l'Information, l'Enseignement, la Culture, la Justice, les Transports et les Communications. C'est leur affaire. Il en va de même pour la notion d' « échec économique ».

18. *Le Quotidien de Paris*, 4 juin 1984.

Prenons quatre données chiffrées : de 1981 à 1984, le nombre des chômeurs réels en France a augmenté de près d'un million ; le franc français a perdu 100 % de sa valeur par rapport au dollar et 50 % par rapport au mark allemand, l'endettement extérieur de la France est monté à environ 80 milliards de dollars; pour la première fois depuis la guerre, le pouvoir d'achat réel moyen a baissé. Cette liste, qu'on pourrait allonger, peut paraître à certains catastrophique, à d'autres moins attristante que les Cassandre ne l'avaient redouté. Là encore, c'est dans une large mesure affaire de tempérament. Ne décourageons pas les natures béates.

Nous oublions trop souvent deux des caractères inhérents à l'analyse de l'histoire vivante. Le premier, que la réflexion s'y exerce sur un éventail de possibles; le second, que le journalisme d'analyse constitue lui-même un élément du jeu et peut contribuer à aider ou à empêcher tel ou tel de ces possibles de se réaliser.

En ce qui concerne l'expérience socialiste et communiste en France, plusieurs possibilités méritaient d'être prises en considération au point de départ. L'une, que François Mitterrand, tirant argument des conditions peu propices dues à la crise internationale, ajournât l'application de son programme massif de nationalisations et, comme devaient le faire un an et demi plus tard les socialistes espagnols, gouvernât en modéré. Certaines de ses déclarations durant la campagne permettaient de ne pas exclure a priori cette hypothèse. Mais il apparut très vite que ce n'était pas la bonne. L'autre possibilité, la stratégie de « rupture avec le capitalisme » et de « radicalisation » prévalut durant la première année du gouvernement de la gauche : nationalisations rapides, menaces de « radicaliser » proférées par le chef de l'État lui-même [19], reprises, amplifiées, orchestrées par le Congrès du Parti socialiste à Valence en octobre 1981, chasse aux sorcières dans les médias, contestation de la légitimité du Conseil constitutionnel, climat de « changement de régime » et d'épuration. Les premiers échecs économiques et les premiers revers électoraux, dès le début de 1982, amènent à plus de « pragmatisme ». Puis, de nouveau, après la défaite grave des élections municipales de mars 1983 et la détérioration brutale de la situation économique, le président de la République hésite pendant deux semaines entre le plan de rigueur (qui sera finalement retenu) et une solution plus radicale : fermeture des frontières, sortie du système monétaire européen, économie en autarcie, avec tout ce que cela suppose de contrôle et de « discipline nationale » : bref, la solution semi-totalitaire exigée depuis longtemps par le PCF sous l'appellation lénifiante de « reconquête du marché intérieur ». Fort heu-

19. Voir plus loin la citation dans « Vers l'anarchie autoritaire ». Pour l'évaluation à 80 milliards de dollars de l'endettement extérieur de la France, voir *le Monde*, 15-16 juillet 1984, p. 15.

reusement le chef de l'État choisit le maintien de la France dans la concurrence internationale et par conséquent dans le camp des démocraties. L'amenuisement de son soutien électoral et le fait que la gauche était redevenue minoritaire dans le pays aurait sans doute rendu périlleuse, du point de vue de la paix civile, une solution dure. Mais le PS, contraint d'appuyer un haïssable plan de rigueur qui l'eût fait hurler si la « droite » l'avait adopté, reporte alors son désir de radicalisation sur l'école et sur la presse. On voit donc comment, selon l'angle de vue de l'observateur et les musoirs que le gouvernement se trouve obligé de contourner, on peut parler à chaque instant et de repli sur une position modérée et de poursuite ou de reprise de la radicalisation avec changement de terrain. Il en ira ainsi jusqu'au bout, du moins aussi longtemps que le champ des possibles tracé en 1981 restera ouvert.

Qu'une possibilité ne se soit pas réalisée, ou pas complètement, n'implique pas qu'elle n'ait pas été à un moment donné réalisable, voire très probable. Le rôle du journaliste était donc à ce moment-là de l'indiquer comme telle, et, s'il la jugeait indésirable, de mettre en garde le public contre son éventuelle réalisation, en incitant même au besoin l'opinion à s'y opposer. Par là il peut contribuer à empêcher l'avènement d'un scénario ayant compté parmi les plus probables. En avril 1984, dixième anniversaire de la révolution des œillets au Portugal, j'eus vent d'un commentaire où l'on dénonçait les Cassandre qui avaient « prédit » l'instauration d'un régime totalitaire à Lisbonne, en 1974 et 1975. Ce commentaire péchait par une double erreur : d'abord la confusion entre « prédire » et « mettre en garde » contre un danger. Ensuite l'oubli, pour le moins étourdi, que l'éventualité d'un coup d'État militaro-communiste présentait, vers le milieu de 1975, au Portugal, un haut degré de probabilité; que ce dénouement n'a été évité que de justesse; enfin, que la vigilance d'une partie de la presse internationale, qui exposait jour après jour le complot totalitaire, n'a justement pas été sans aider ceux des Portugais qui luttaient pour le déjouer.

L'hypertrophie de l'État est un phénomène contemporain des plus internationaux. Sans parler même des pays totalitaires, où l'État dévore la totalité de la société, son hypertrophie a été un fait fondamental de l'histoire des pays démocratiques mêmes depuis la Seconde Guerre mondiale. Cela n'a pas été sans raison, et cela n'est pas allé partout et uniformément sans profit. Je fais mienne la thèse selon laquelle il ne faut pas substituer un anti-étatisme sommaire à un pro-étatisme qui fut tout aussi sommaire. Reste que la marée du rejet de l'État constitue aujourd'hui un changement important, qui a des causes profondes, et ouvre probablement une ère de résurrection de la société civile, de la liberté, de la diversité. Si cette vague s'élève en France à une hauteur soudain si impressionnante, cela tient sans doute à ce que le centralisme et l'étatisme français, exacerbés encore par l'idéologie socialiste, font de la France une sorte de miroir concave où l'étatisme s'étire aux dimensions de la caricature.

L'une des facettes du rejet de l'État qui a réoccupé le devant de la scène depuis 1981 n'est autre que le mouvement pacifiste. J'ai donc été, comme on verra, conduit à en parler. En soi, dans son intention première, le pacifisme constitue en effet une protestation contre les ambitions étatiques réalisées par la violence, contre la guerre, résultat de l'existence d'États concurrents, de leurs luttes, du désir de chacun d'eux d'accroître sa puissance pour dominer les autres ou pour tenir en échec leur désir de domination. On peut donc inscrire le pacifisme parmi les symptômes de résistance des individus à l'omnipotence étatique. Malheureusement, il s'agit d'une démarche tout à fait dévoyée. Car le pacifisme ne peut se déployer que dans les systèmes où il est encore loisible de protester contre l'État, de l'affaiblir et de chercher à contrarier ses plans, c'est-à-dire dans les démocraties. D'où il ressort qu'en préconisant et, souvent, en obtenant la réduction des armements dans les *seules* démocraties, inéluctablement, puisqu'il est impossible qu'un courant d'opinion puisse se manifester publiquement et exercer une influence similaire ailleurs qu'en démocratie, les pacifistes renforcent indirectement les systèmes totalitaires. Ils travaillent donc contre leurs propres objectifs, puisque leur action, n'ayant de chance d'entraîner de désarmement que dans les démocraties, accroît, en en rongeant les contrepoids, la capacité d'expansion du système totalitaire. Or ce système est par excellence celui où l'État annihile complètement les libertés individuelles et l'autonomie de la société civile, tout en remplissant aussi mal que possible son office. En d'autres termes, le totalitarisme représente le degré ultime et achevé du gigantisme étatique, dont nous ne subissons encore que de façon partielle les méfaits dans les sociétés démocratiques, même très étatisées. Nous commençons à connaître cette loi : plus un État s'occupe de choses dont il ne devrait pas s'occuper, plus mal il fait ce qui devrait relever de sa véritable responsabilité. Avec l'État totalitaire, le processus atteint son terme absolu : l'État fait tout, donc il ne fait rien. J'entends : il est maître de tout, mais il n'est efficace en rien. Sauf deux choses : la police politique et la machine de guerre. La démarche pacifiste est donc suicidaire, car elle favorise indirectement les régimes où l'individu est anéanti et où, de surcroît, quasiment la seule fonction bien assurée par l'unique acteur de la vie publique, l'État, est la fonction guerrière!

Or, le mouvement de rejet de l'État dont il est question dans ces pages n'est en définitive rien d'autre qu'une des composantes de la lutte actuelle de la démocratie contre le totalitarisme, tant contre le totalitarisme achevé des régimes intégralement étatisés que contre les *segments* d'organisation et d'action totalitaires qui ont tendance à se former dans les sociétés démocratiques. Les élections européennes du 17 juin 1984 ont manifesté en France un rejet vigoureux de l'État idéologique. Nos deux partis les plus dirigistes, le PS et le PC, ont subi ensemble une grave défaite de la gauche.

Le PC, qui a perdu la moitié de son électorat en cinq ans, a régressé à son pourcentage de 1928 (11 %), date à laquelle il venait à peine de faire son entrée sur la scène politique française. Il se situe ainsi à égalité avec l'extrême-droite, dont l'ascension soudaine ne s'explique qu'en partie par le problème des immigrés, qui n'était pas nouveau. Elle semble due dans une large mesure au besoin de certains citoyens d'opposer à l'État omniprésent un " non " plus catégorique encore et plus « viscéral » que celui de l'opposition classique. Un électeur sur quatre du Front national avait voté Mitterrand le 10 mai 1981! Vingt pour cent des électeurs de Mitterrand sont passés à l'opposition le 17 juin 1984!

Ce retournement, ébauché dès janvier 1982, ne vient pas des seules erreurs économiques, politiques, psychologiques accumulées par la gauche. Il a sa source dans un profond *contre-sens culturel* de sa part : la gauche installait son État mégalomane au moment même où notre société, notre civilisation démocratique tout entière, avaient cessé d'y croire et commencé de s'en détacher [20].

L'échec du « socialisme à la française » et de son « social-étatisme » a une portée et aura des conséquences internationales. Cet échec en effet a eu pour terrain une société qui n'était ni sous-développée, ni analphabète, ni à dominante agricole, ni grevée des séquelles d'un passé colonial ou dictatorial. Les échappatoires et excuses utilisées d'ordinaire pour refuser aux faillites socialistes toute valeur démonstrative ne s'appliquent donc pas au cas français. L' «Union de la gauche » est morte de sa propre incapacité. Il y avait, certes, la crise. Eh bien, l'expérience française a précisément permis de comparer les vertus respectives, devant une crise économique, du socialisme nationalisateur et du libéralisme tempéré. Aux yeux du monde entier, la leçon est probante.

20. Ont été retranchés de ce recueil certains des « Pourquoi » du *Point* dont j'avais déjà repris les éléments sous une autre forme dans *Comment les démocraties finissent.* Y ont été ajoutés : quelques articles sur des livres, également parus dans *le Point,* articles qui portaient sur des thèmes se rattachant au fil conducteur des pages qui suivent. Une préface à l'ouvrage de Carlos Rangel, *le Tiers Monde et l'Occident* m'a paru également se rattacher au débat : je l'ai insérée ici.

DÉMOCRATIE : L'HONNEUR D'ÊTRE RESPONSABLE

Les gouvernants, dans une démocratie, se distinguent des chefs totalitaires par l'obligation de rendre des comptes, d'obtenir de bons résultats ou de céder la place. Mais, dans la pratique, le pouvoir peut rester longtemps indifférent à la critique et inébranlé par de mauvais résultats.

Partageant la responsabilité de la politique menée, la majorité parlementaire est peu portée à en confesser les éventuels méfaits. Même si elle est le siège de petites frondes, elle se colle en général au gouvernement et refoule toute critique venue de l'opposition.

Le fameux contrôle de l'exécutif par le législatif, noble postulat de la philosophie démocratique, se trouve ainsi atrophié. Et c'est encore plus vrai en France, où le recours aux ordonnances épargne, quand il le veut, à l'exécutif jusqu'au très léger agacement de discussions dont l'issue est pourtant connue d'avance.

Quant à ce collège diffus constitué par la presse, par l'opinion publique hors des rendezvous électoraux, par l'opinion internationale, enfin et surtout par les faits eux-mêmes, les politiciens pratiquent avec virtuosité l'art d'en récuser le verdict. Les plus grands désastres sont dus, selon eux, non à leur politique, mais à des malveillances ou à des accidents.

Certes, tous les torts, dans cette relation conflictuelle entre les pouvoirs et les contre-pouvoirs, ne sont pas du côté des politiques. Il existe des journaux de mauvaise foi, des commentateurs incompétents, des opinions publiques injustes, des adversaires partisans et malhonnêtes. Mais la responsabilité de l'action et de son coût pour la collectivité incombe à ceux qui exercent le pouvoir et non point à ceux qui le subissent ou qui l'observent. Or, cette responsabilité, les politiciens, intervertissant les rôles, voudraient la faire peser sur tout le monde sauf eux-mêmes, et ils montrent autant de répugnance à en assumer les conséquences qu'ils ont mis d'acharnement à en conquérir le privilège.

Il est vrai que, pour imputer à une politique précise une série d'événements, il faudrait d'abord être capable de maîtriser la connaissance des rapports de cause à effet en histoire. Or, les historiens discutent encore aujourd'hui sur les causes de la guerre de 1914-1918 ou de la décadence des Romains. Cette incertitude inhérente à l'explication historique permet à tout politique de se disculper de ses échecs, en leur trouvant mille explications plausibles hors de sa propre action. En revanche, il revendique hautement comme fruits de sa perspicacité les hasards heureux qui doivent plus à sa chance qu'à son discernement. Enfin, une politique, démocratique ou non, déroule en général ses ultimes conséquences longtemps après que son auteur a quitté le pouvoir, ou même ce bas monde.

Par exemple, c'est une opinion assez communément reçue parmi d'excellents analystes politiques en France, depuis mai 1981, qu'au moins on peut attribuer à François Mitterrand le mérite (ou l'opprobre, pour d'autres) d'avoir fait tomber le nombre des voix communistes. Mais en observant l'immensité des événements divers qui ont pu contribuer à ce recul, au cours des dix à quinze dernières années, on ne peut qu'être moins affirmatif. Les causes les plus décisives de la défaite du PCF n'ont-elle pas été largement indépendantes de la volonté de François Mitterrand? Certes, la stratégie de l'Union de la gauche avait pour but, au point de vue socialiste, de faire repasser le PCF au second rang. Et Mitterrand a estimé avoir plus de chances d'y parvenir en s'alliant aux communistes par un programme qu'en s'efforçant de reconstruire un centre gauche séparé d'eux. Hypothèse recevable et à laquelle les électeurs semblent avoir apporté confirmation. Mais est-ce confirmation ou coïncidence? Car, enfin, le déclin communiste s'est précipité non pas *durant* l'Union de la gauche, mais *après* sa rupture, en 1977, et après que le Programme commun eut été proclamé par Mitterrand « forclos ». Car, enfin, et surtout, Mitterrand n'est ni assez machiavélique ni assez puissant pour avoir provoqué l'invasion de l'Afghanistan, la révolte des travailleurs polonais contre le communisme, ou suscité les diatribes prosoviétiques outrancières, frénétiques, menaçantes, assenées en ces occasions au peuple français par le secrétaire général du Parti communiste français et la presse communiste.

C'est à janvier 1980, début de l'occupation soviétique en Afghanistan et date du discours de Marchais prononcé de Moscou à la télévision française, que l'étude des sondages permet de faire remonter, pour l'électorat communiste, le passage de l'érosion à l'éboulement. Mitterrand n'est pas davantage l'instigateur des expéditions et campagnes communistes démentes contre les travailleurs immigrés du début de 1981, non plus que de l'impression marécageuse qui se dégageait des explications de Georges Marchais touchant ses activités pendant la guerre, et juste après. Au demeurant, le Parti socialiste avait intérêt à dépasser les communistes, non à les discréditer. La décadence électorale du communisme français n'est probablement due qu'en petite partie au grand dessein mitterrandiste, mais je suis presque convaincu que c'est à ce dessein que l'histoire en attribuera la responsabilité quasiment exclusive.

Dans d'autres cas, le poids réel de la décision

d'un homme d'État ne peut être apprécié avec sérieux, pour la simple raison que la plupart des conséquences en sont encore à venir.

Ainsi, depuis quelques années, en France, il est de bon ton de dire que les partis politiques unanimes se sont ralliés à la politique de défense du général de Gaulle. C'est un fait. Mais est-ce un bien? Pour en juger, il faudrait que la validité de cette politique eût été vérifiée ou réfutée par l'expérience, autrement dit qu'une guerre Est-Ouest se fût produite. Sans cette redoutable mise à l'épreuve, comment peut-on louer la politique de défense d'un pays qui n'a pas eu à se défendre? De cuisants précédents rappellent à la mémoire des Français qu'il est prudent de se méfier du dogmatisme euphorique des doctrinaires militaires.

Du moins avons-nous réussi la dissuasion? Mais comment démêler, dans le succès de la dissuasion à ce jour, la part qui est attribuable à la seule France et celle qui revient aux États-Unis et à l'Otan? Seuls le retrait américain d'Europe et la désagrégation de l'Otan pourraient créer les conditions d'une démonstration adéquate. En attendant, pour ne juger que d'après ce qui s'est effectivement produit, on peut considérer que le retrait de la France, en 1966, du commandement intégré de l'Otan fut une victoire diplomatique pour les Soviétiques, et c'est bien ainsi qu'eux-mêmes l'ont compris. L'Europe « de l'Atlantique à l'Oural », annoncée par de Gaulle comme devant émerger de son geste spectaculaire, ne s'est pas réalisée, pour parler charitablement. La décision gaullienne a en outre introduit au sein de l'Alliance atlantique un principe de querelle intestine, si bien que chaque agression soviétique, loin de renforcer la cohésion des Occidentaux, aggrave leurs dissensions. On l'a vu encore après l'Afghanistan et après la Pologne. Dans un tel cas, où les conséquences ultimes d'une décision politique n'ont pas pu encore se manifester, on ne peut donc pas dire si et de quoi l'homme qui l'a prise sera en définitive responsable devant l'Histoire.

Mais c'est dans le domaine économique que les responsabilités gouvernementales s'abritent derrière les brouillards les plus épais, dus à la difficulté même qu'ont les économistes les plus scrupuleux à maîtriser intellectuellement tous les facteurs qui composent une situation donnée, à les expliquer, à en prévoir les suites. Aussi les politiciens ne se jugent-ils responsables de rien, même pas de ce qu'ils ont fait, quand les choses vont mal ; et, quand elles vont bien, ils se veulent responsables de tout, y compris de ce qu'ils n'ont pas fait.

Au cours des vingt-trois ans de croissance forte qui, de 1950 à 1973, ont procuré une richesse sans précédent aux sociétés de libre entreprise et d'économie de marché, on a vu la prospérité faire monter les niveaux de vie sous les systèmes politiques les plus opposés : sous l'instabilité ministérielle de la IVe République française, ou de l'Italie, comme sous la stabilité gaulliste; sous la dictature franquiste en Espagne et sous la social-démocratie suédoise; dans des pays de structure fédérale, comme la Suisse ou l'Allemagne de l'Ouest, et dans des pays férocement centralisateurs comme la France. Mais, sous ces systèmes fort différents, les détenteurs du pouvoir politique se sont attribué le mérite de la prospérité.

En période de crise, aujourd'hui, de quelque parti qu'ils soient, ils attribuent les affres de la récession à tout sauf à eux-mêmes. Les économistes savent que les gouvernements ne sont totalement responsables ni du bien ni du mal, mais qu'en revanche ils n'en sont pas totalement innocents non plus. Aujourd'hui, que voyons-nous? Partout des gouvernements qui affichent des idées économiques d'une superbe précision, depuis le monétarisme jusqu'au socialisme, qui ne souffrent pas la plus petite mise en question de leur dogme, l'appliquent avec une invincible obstination, mais qui, d'autre part, avec un aplomb inébranlable, refusent de se reconnaître la moindre culpabilité dans les échecs qui se produisent ou s'éternisent sous leur autorité.

Ce cynisme croissant dans le faux-fuyant, les citoyens ne doivent pas l'accepter. Le mal sévit avec une virulence qui finit par menacer la démocratie elle-même. Les élections mêmes, si le pouvoir va trop loin sur la mauvaise pente, arrive un moment où il finit par en excommunier le résultat.

Certains socialistes français ombrageux n'ont-ils pas déjà commencé, en refusant de tirer les enseignements des élections cantonales de mars dernier?[1] A tout mécompte ils inventent un coupable situé hors de la sphère du pouvoir politique : les hauts fonctionnaires récalcitrants, les journalistes rétifs, les spéculateurs malveillants, les socioprofessionnels sournois, le patronat comploteur, les paysans indociles, bientôt les contribuables insolvables, en général l'« incivisme », selon un mot (de trop) du ministre des Finances. Bref, c'est la société tout entière, la réalité si diverse, si rebelle aux simplifications, la vie, dans sa complexe variété, qui deviennent l'ennemi. Déjà des socialistes annoncent que le gouvernement doit prévenir les « conspirations »! A quand les listes de suspects? Seuls devraient des comptes, à les en croire, leurs devanciers et leurs adversaires, vrais ou imaginaires? A quand la démocratie sans prédécesseurs et sans opposition?

Les politiciens français, il est vrai, n'ont jamais aimé l'envers du beau rôle de dirigeant. En 1956, après le fiasco de l'expédition franco-britannique de Suez, le Premier ministre anglais, Anthony Eden, a démissionné, tandis

1. Je n'ai pas besoin de rappeler que cette tendance à refuser de voir les implications des revers électoraux s'est encore accentuée par la suite, au fur et à mesure que ces revers eux-mêmes s'aggravaient : après les élections municipales de 1983 et après les européennes de 1984. (Note de 1984).

que le chef du gouvernement français, Guy Mollet, a continué de se pavaner à la tête des affaires. Après l'invasion des îles Malouines par l'Argentine, un quart de siècle plus tard, le ministre britannique des Affaires étrangères, Lord Carrington, a démissionné, bien que sa responsabilité en l'occurrence ne fût ni claire ni unique, mais parce qu'un minimum de fair-play constitue la loi rigoureuse, indispensable, quoique non écrite, de la démocratie. A peu près au même moment, certains ministres français dont les échecs étaient beaucoup plus évidents conservaient leur poste.

Les citoyens savent bien que tout le mal qui survient sous un gouvernement n'est pas imputable à ce gouvernement. Mais on ne leur fera pas admettre qu'*aucune* infortune ne lui soit jamais imputable. La règle, fût-elle parfois trop sévère, et l'honneur, fût-il trop exigeant, imposent d'assumer la responsabilité de ce qui se passe quand on est à la tête de l'État. Il est temps de se remettre à respecter cette règle et à soutenir cet honneur.

3 mai 1982.

LE CANCER ROUTIER [1]

Pendant les deux jours qui suivirent le désastre de l'autoroute du Sud, un consensus s'est créé en France – ils sont assez rares pour qu'on le signale. Il éliminait d'emblée, a priori et sans examen, la vitesse, l'imprudence, l'inconscience et la sottise comme causes possibles de la collision. La France a dansé alors devant les caméras et les micros le ballet de l'indulgence plénière au bénéfice de sa « femme de César » préférée, qui ne saurait être soupçonnée et dont, comme disait Ubu, « la célérité fait la célébrité » : le conducteur français. Correspondants locaux et gradés de la gendarmerie se multipliaient au petit écran pour affirmer qu'il n'y avait « pas de raison » d'incriminer l'excès de

1. Dans la nuit du 31 juillet au 1er août 1982, sur l'autoroute du Sud, près de Beaune, un autocar percute celui qui le précède, lequel à son tour est projeté sur l'autocar qui roulait devant lui. Un immense incendie éclate, faisant cinquante-trois morts, dont quarante-quatre enfants.

vitesse. Eux qui n'étaient pas présents au moment de l'accident, ils récusaient, avec des intonations peinées puis irritées, les témoins – faillibles sans doute – qui croyaient avoir vu les autocars rouler trop vite, ou du moins coller l'un à l'autre dangereusement. Un pas de plus, et j'ai vu venir le moment où c'étaient les témoins qu'on allait déférer au parquet.

Si les conducteurs n'étaient pas coupables, peut-être les infrastructures matérielles l'étaient-elles? La question fut posée au ministre des Transports. Il fut catégorique : il n'y avait « pas de raison » de penser que le rétrécissement de l'autoroute, passant de trois à deux voies sur les lieux de l'accident, fût pour quelque chose dans cette catastrophe. Là encore, consensus admirable : Charles Fiterman n'accusa ni « l'héritage » – après tout, l'autoroute était une autoroute de droite, avait été construite par la droite – ni le capitalisme, à la rapacité duquel le rétrécissement eût pu être imputé. Bref, ni les hommes ni les choses n'étant à l'origine du plus grand carnage routier de notre histoire, il faut croire que les cinquante-trois morts de Beaune ont été occis par la foudre.

La fatalité? Quelle fatalité? Assez d'humour noir! Les couplets larmoyants, les télégrammes de condoléances, les épanchements verbaux et verbeux sur les « petites victimes » sont et resteront d'une monstrueuse hypocrisie, tant qu'ils n'auront pour fonction que de masquer cette vérité à la fois triste et ridicule : à savoir qu'en

France l'automobiliste est roi, que le chauffeur de poids lourd est roi des rois, qu'il n'y a aucune répression ni prévention sérieuses des excès de vitesse et des fautes graves de conduite, enfin, que si un tribunal suspend pour un mois – en général avec sursis – le permis de conduire d'un chauffard meurtrier, c'est le chauffard que l'on plaint.

Depuis 1970, je me rends environ quarante fois par an à cent vingt kilomètres au sud de Paris, le vendredi soir ou le samedi matin. On le sait, la vitesse sur l'autoroute du Sud, à la sortie de Paris, est limitée à 110 kilomètres à l'heure sur quelques dizaines de kilomètres, jusqu'à la hauteur de Corbeil à peu près. Chaque fois que je parcours ce tronçon, je suis constamment dépassé par nombre de voitures qui roulent à 130, 150, voire 170 kilomètres à l'heure, et dont les conducteurs, rouges d'indignation lorsqu'ils ne trouvent pas la voie de gauche entièrement à leur disposition, doublent sur la droite, croisent par le travers, recoupent à nouveau le chemin de gauche à droite, sous le nez d'un troisième balourd respectueux du Code, et s'envolent triomphalement, ponctuant leur victoire de « bras d'honneur » et de coups d'avertisseur.

Cette conduite primate, si fréquente en France (je n'ose pas dire : si française – par crainte de tomber dans le racisme), devrait être réprimée sans pitié, c'est-à-dire devrait être rendue impossible. Songeons, en effet, que la route a fait en vingt ans 6 460 000 victimes dans notre pays, dont 260 000 tués, « sans compter », dit un rapport de police (et pourquoi ne les compterait-on pas?) ceux qui meurent six jours ou plus après l'accident. Sur les 6 200 000 blessés, plus de 1 500 000 sont restés infirmes et plus de 600 000, paralysés à vie. Un tel fléau, semble-t-il, devrait appeler quelque vigilance, d'autant que les études sont sans équivoque : dans 90 % des cas, et même davantage, le « comportement humain » est à l'origine de l'accident.

Eh bien, en douze ans, sur le trajet d'autoroute dont je parlais, ni à l'aller ni au retour, je le jure sur la tête de tous les êtres qui me sont chers et sur la Constitution de la République, pas une seule fois, je dis bien *pas une seule*, je n'ai vu de police routière, quelle qu'elle fût, sévir contre le « comportement humain » des primates motorisés décrits plus haut. Vous n'étiez pas, répondra-t-on, présent sur cette voie de communication vingt-quatre heures sur vingt-quatre et sept jours sur sept. J'en conviens, mais je l'ai parcourue près de mille fois en tout, et les jours de grosse circulation, les plus meurtriers, ceux qui devraient voir mis en place un contrôle renforcé. Il est donc impossible de refuser à ce petit témoignage toute valeur statistique.

Cessons de biaiser : il n'y a pas en France de prévention ni de répression réalistes des excès de vitesse et des fautes de conduite. Les déploiements de gendarmes les jours de départ en vacances sont destinés à faciliter la circulation, non à rendre la conduite plus prudente. La lutte contre l'excès de vitesse en France est abstraite, théorique. Par exemple, elle consiste pour des gendarmes à se poster à la sortie d'un village où la vitesse est limitée à 40 kilomètres à l'heure et à verbaliser contre tous les automobilistes chronométrés à 45. Autour de ce même village, à longueur d'année, sur les routes départementales peuplées de deux-roues, et où parfois deux voitures de taille moyenne peuvent à peine se croiser, des automobilistes roulent à 120 ou 130 kilomètres à l'heure impunément. Ou alors il y aura, sur un segment d'autoroute, un « contrôle radar » annoncé par pancartes!

Sans parler du fait que toutes les fautes de conduite ne sont pas des excès de vitesse, la lutte contre la conduite dangereuse est en France parfaitement bureaucratique. Elle est définie par les commodités de travail de la police ou de la gendarmerie, au lieu de l'être par l'intensité du danger, là où il se trouve. En ville aussi : laisser une demi-heure de trop sa voiture en stationnement payant signifie presque toujours un procès-verbal; brûler un feu rouge, presque jamais. Or, sur route comme en ville, ce devrait être l'inverse : la prévention et la répression doivent être modulées en fonction de la gravité de l'infraction, et non de la facilité à la détecter.

Au pinacle de la mansuétude craintive dont jouit le Français au volant, une conspiration des yeux fermés entoure le phénomène « poids lourd » depuis toujours. Quand un camion chargé d'essence explose dans un bourg, on nous raconte que « ses freins ont lâché », et non point qu'il a raté un virage en coude parce qu'il allait trop vite. Quand nous voyons un de ces mastodontes, les douze fers en l'air, en travers ou sur le côté d'une autoroute, nous expliquera-t-on par quel défi aux lois de la pesanteur et de la mécanique céleste tant de tonnes ont pu se retourner si elles n'étaient propulsées qu'à 70 kilomètres à l'heure et si le routier ne se livrait à aucune acrobatie? Certes, nul ne l'ignore, les routiers font un métier harassant, certains transporteurs en rupture de règlements, dit-on, leur imposent des semaines de soixante heures, les condamnent à violer toutes les lois. A qui fera-t-on croire que, dans un pays aussi riche que la France, avec un État aussi puissant et aussi tatillon que l'État français, on n'aurait pas pu imposer des règles au lobby des routiers *si on l'avait voulu?* Mais on ne l'a pas vraiment voulu. Quant aux chauffeurs routiers, on les a souvent vus couper et boucher autoroutes et tunnels pour protester contre des mesures de sécurité, jamais pour en exiger.

Après la catastrophe du 31 juillet, on a osé dire que l'allure des autocars n'avait pas été excessive parce qu'ils avançaient à 95 kilomètres à l'heure. Or la vitesse *maximale* d'un poids lourd, donc dans les *meilleures* conditions de circulation et de visibilité possibles, est de 90 kilomètres à l'heure. De nuit, sur chaussée mouillée, juste avant un rétrécissement, alors que trois cars roulent à la queue leu leu, mêlés à quelques voitures de tourisme pour compléter le chachlick, l'allure de sécurité devrait être de 40 kilomètres à l'heure; et 95 est une gravissime faute de conduite. Ce seul détail, que l'allure mortelle est celle que l'on mentionne en l'occurrence pour *disculper* les conducteurs, montre assez combien nous sommes légers en cette matière.

Il en va de même à l'égard des motocyclistes et cyclomotoristes. La démagogie à l'égard du motard, qui a été l'un des éléments de la dernière campagne présidentielle, ne date cependant pas d'hier, et elle coûte criminellement cher à la substance nationale la plus précieuse, surtout en cette période d'effondrement démographique : la jeunesse. Se rend-on compte que 71 % des décès entre quinze et vingt-quatre ans ont pour cause la route, ou plus exactement la roue [2]? Aimer la jeunesse, est-ce la laisser se suicider sur deux roues? Ou ne serait-ce pas plutôt l'obliger non pas seulement à porter un casque, mais à respecter le Code, à ne pas rouler en sens interdit, à ne pas rouler à gauche ou doubler à droite? Si la tendance se maintient, sur cent bébés nés en 1982, quinze auront un accident de la route.

2. Jean Manevy, *Ça n'arrive qu'aux autres*, Balland, 1981.

Le remède, c'est le courage politique : c'est le courage de s'en prendre au conducteur roi, à l'adolescent motard, au routier terrifiant, et, bien sûr, au dieu Alcool, inspirateur de la plupart des « erreurs humaines » qui nous déciment. Bref : le courage de s'en prendre aux mœurs, ce qui est souvent plus impopulaire encore que de s'en prendre au portefeuille. Mais le portefeuille y trouverait aussi son compte, puisque les accidents coûtent 60 milliards par an aux Français. Sans doute y aura-t-il toujours un « taux incompressible » d'accidents. Mais la marge compressible est étonnamment forte. De 1972 à 1978, le nombre des tués en France est tombé de seize mille à douze mille par an, à la suite des premières limitations de vitesse et du port obligatoire de la ceinture de sécurité. Des pays comme la Grande-Bretagne, le Japon, la Norvège, la Suède, qui ont voulu sortir du bain de sang, sont parvenus à des chiffres de tués par cent millions de véhicules-kilomètres jusqu'à vingt fois inférieurs aux chiffres français. Notre gouvernement aurait décidé d'agir enfin. Se souviendra-t-il de sa décision, une fois expiré le temps du deuil?

La route est la troisième cause de mortalité en France, après le cœur et le cancer; la première cause entre quinze et quarante ans. Mais, alors qu'on sait trop peu encore guérir le cancer, on sait fort bien ce qu'il faut faire contre l'hécatombe routière. Comment jugerait-on un État, une société qui auraient trouvé un médicament efficace contre le cancer, et qui ne s'en serviraient pas, qui ne le mettraient pas à la disposition du public?

9 août 1982.

VERS L'ANARCHIE AUTORITAIRE

Les alarmistes qui redoutaient, il y a un an, une « radicalisation » du pouvoir socialiste ont fait erreur, entendais-je arguer peu après la dévaluation de juin. On ne saurait « radicaliser », poursuivait l'augure, dans ce pays dont l'économie, depuis bien du temps déjà, est déshabituée de vivre derrière des frontières fermées. La France devait revenir à l'unisson des politiques suivies au sein de l'ensemble international où elle est immergée. D'où le plan d'austérité, l'« étape de montagne », l'« électrochoc », au choix, bref, le ralliement précipité d'une France penaude à la diététique des curistes qui, ailleurs, depuis de longs mois, luttaient non sans succès contre l'inflation, les déficits, la mauvaise monnaie. En d'autres termes, les socialistes français, après s'être soulagés dans une débauche excusable de proclamations tapageuses, se révéleraient pour ce qu'ils sont : des modérés. Un an après sa victoire, Mitterrand « met de l'eau dans son vin », écrivait *Time* en mai, il revient à un « socialisme du centre ».

A bien suivre cet argument, il eût donc été légitime de parler de radicalisation seulement si le gouvernement français avait fermé les frontières pour persévérer sans pause ni correctif dans l'édification du socialisme. En outre, le gouvernement aurait alors dû inviter encore plus énergiquement les journalistes des médias, officiels ou non, à « expliquer » avec une clarté toujours croissante la politique gouvernementale. Si l'on place à une telle hauteur la barre de la radicalisation, je conviens que ce terme est aujourd'hui impropre.

Cependant les objecteurs que je viens de citer n'ont raison que sur un seul point : à savoir que la radicalisation, au sens extrême où ils l'entendent, ne s'est pas produite tout entière en un an.

Devant un mal qu'il vaut mieux prévenir, car il est souvent impossible à guérir, ne confondons pas la tendance et le délai. A cet égard, je ne puis m'empêcher d'évoquer les conversations que l'on entendait couramment en France l'été dernier au sujet de la situation économique. « Vous voyez bien, disaient volontiers les interlocuteurs, même ceux que les programmes de la nouvelle majorité n'enthousiasmaient guère, vous voyez bien que l'apocalypse ne s'est pas produite. » Certes, si l'on se refuse à juger grave ou périlleuse une situation économique à moins de queues devant les boulangeries, d'un chômage multiplié par dix, de krach des banques, de suicide collectif des agents de change, on est assuré de rester optimiste assez longtemps. Mais soyons sérieux. Les « pessimistes » de l'été 1981 craignaient, eux, très précisément ce qui s'est passé au printemps de 1982. Ils n'avaient jamais dit que cela se produirait en trois semaines, et la dégradation aurait fort bien pu traîner trois ans. Il peut en aller de même pour la radicalisation.

Pourquoi s'est-on mis en France à parler de radicalisation, et que faut-il entendre au juste par ce mot? Rappelons-le : c'est François Mitterrand lui-même qui a levé le lièvre. « Si j'échoue, confiait-il quelques mois après son élection à des journalistes, ce sera une radicalisation du pouvoir; et l'opposition fait une erreur historique, car elle devrait comprendre qu'elle a le meilleur gouvernement possible dans les circonstances économiques et politiques actuelles [1] ».

Cette déclaration présidentielle contient quelques ingrédients d'une « logique » de la radicalisation : d'une logique seulement, bien sûr, mais que les dirigeants socialistes les plus proches de Mitterrand ont généreusement explicitée chaque fois qu'ils ont ouvert la bouche. Le premier ingrédient est la notion d'échec économique, hantise de toute gauche socialiste. Car échec, pour la gauche, veut généralement dire crime de quelqu'un d'autre. Ne pouvant envisa-

1. *Le Monde*, 13 octobre 1981.

ger d'attribuer ce fatal guignon, ce spectre éternel, au fait que, peut-être, le socialisme serait en lui-même une mauvaise médecine, le parti au pouvoir en France répartit équitablement les responsabilités de ses déboires entre ses divers ennemis présumés ou naturels. D'où le second ingrédient du propos de Mitterrand, à savoir l'idée étrange que l'opposition doit aider les socialistes à réussir, sous peine de perdre le bénéfice de la démocratie.

Innombrables sont les écrits et les discours des porte-parole qualifiés du Parti socialiste qui soufflent dans cette « voile portugaise », comme dit le poète. On en a même fait des anthologies, que les autodidactes peuvent compulser avec profit [2]. Elles comportent certaines perles déjà historiques. Le collier continue de se garnir. Pour Jean Poperen, numéro deux du PS, « lorsque la droite perd le pouvoir, elle ne joue plus le jeu. » Mais « jouer le jeu » veut-il dire aider la majorité à réaliser son programme, ce qui n'est nullement le devoir d'une opposition? Ou bien cela signifie-t-il user de méthodes antidémocratiques, ce qui n'a pas été le cas? De l'équivoque créée entre ces deux sens possibles naîtront peut-être des confusions redoutables. Certains n'hésitent pas à les dissiper, tel Didier

2. Je recommande particulièrement : *Petit Guide de la farce tranquille*, de Christian Jelen et Thierry Wolton, Albin Michel; *les Nouveaux Maîtres*, de Véronique Grousset, la Table Ronde.

Motchane, sans doute assez marginal dans le PS, mais pourtant secrétaire national « chargé de l'action culturelle ». Il a exposé dans *le Monde* [3] comment il conçoit cette action à l'égard de l'information radiotélévisée : il faut abolir « ce mot d'ordre séraphique : pas de chasse aux sorcières! », exiger que « le pouvoir de gauche cesse de se croire obligé de s'excuser à chaque seconde de déranger quelques habitudes », car « le pluralisme n'est pas le neutralisme ». Le président de l'Assemblée nationale, Louis Mermaz, qui, lui, n'est pas marginal, justifie cette philosophie de l'audiovisuel en jugeant que « les systèmes de valeurs et de références de la gauche ne sont pas assez présents dans l'ensemble des informations ». Ainsi, la télévision n'est pas encore assez gouvernementale!

On pourrait allonger la liste de ces plaidoyers pour l'intolérance. C'est une véritable avalanche. Pour beaucoup de commentateurs, la fougue des doctrinaires reste et restera verbale. Dans la pratique, disent-ils, le pouvoir socialiste a déjà choisi la voie du compromis. Si le compromis est en définitive l'étoffe dans laquelle se taille la démocratie, tandis que la radicalisation exacerbe les extrêmes, alors c'est un point de vue soutenable que les socialistes ont cultivé la radicalisation dans les mots et le compromis dans les actes.

3. *Le Monde*, 6 juillet 1982.

Ne soupçonnons personne d'aspirer à l'abus de pouvoir. J'analyse un système, non les cœurs. Sur un si délicat sujet, chacun est retenu par la crainte d'être injuste, mais guetté par le danger d'être naïf. Aussi ne soyons pas procureurs, soyons géologues. Les évolutions politiques et sociales découlent beaucoup moins des intentions affichées des hommes que de la logique des structures et des mécanismes qui les animent. Or à quoi bon faire profession de libéralisme, et même de décentralisation, si l'on met en place une organisation dont le fonctionnement même n'est possible qu'au prix d'un renforcement de l'étatisme et de la bureaucratie? Et, sur ce terrain, les choix fondamentaux sont déjà faits, votés, appliqués. On voit mal en vertu de quel empirisme au jour le jour ou de quelles velléités d'adaptation conjoncturelle le pouvoir socialiste pourrait corriger de façon notable le parcours d'une machine déjà lancée, programmée, dont tous les ressorts ont été remontés et vont nécessairement se détendre selon leur automatisme normal. Les nationalisations sont faites; les quelque sept cent mille agents municipaux, départementaux et régionaux deviennent fonctionnaires de l'État; la dernière réorganisation du ministère de l'Industrie accentue la concentration entre les mains de l'État des initiatives industrielles, scientifiques et technologiques; les offices de produits dans l'agriculture renforcent le dirigisme; devant l'effondrement de l'investissement privé, la puissance publique devient de facto le principal, sinon l'unique investisseur.

Démarches complémentaires, on a vu le gouvernement faire repousser tous les amendements qui tendaient à mieux garantir le pluralisme politique des membres de la Haute Autorité de l'audiovisuel et tenter de faire mettre à pied par des radios privées des journalistes affectés d'une insupportable perversion : la clairvoyance. Et ne témoignent pas non plus d'un adoucissement des mœurs les accusations d'« incivisme » contre les patrons qui font faillite, la menace du Premier ministre de soumettre à une discrimination préalable les questions orales des parlementaires, la tentative de coup de force contre le statut de la capitale, les outrances du ministre de l'Intérieur appelant « traître » un maire de Paris récalcitrant, celle du ministre de l'Économie traitant des contradicteurs à l'Assemblée de « braillards fascisants ». Conspuer le chef de l'État pendant un défilé du 14 Juillet ne peut émaner, pour les chefs socialistes, que de « factieux » et de « ligueurs ». Ou bien je ne m'y connais pas en radicalisation, ou bien le fait d'étiqueter « traîtres », « fascistes », « factieux », « ligueurs » des opposants ou des manifestants en est un des symptômes.

Le meilleur moyen de radicaliser consiste à prêter aux autres l'intention de le faire, et le plus vieux stratagème pour mettre l'adversaire hors la loi est de l'accuser de comploter. Dans son entretien avec *le Point* [4] le Premier ministre dénonce « cet étrange durcissement qui saisit la droite ». Après la tuerie de la rue des Rosiers, le ministre de l'Intérieur disculpe avec magnanimité l'opposition : « Je ne crois pas, dit-il, que les forces de droite françaises puissent commettre de tels crimes pour déstabiliser le gouvernement. » On imagine le tollé si son prédécesseur, après l'attentat de la rue Copernic, avait cru devoir pousser la grandeur d'âme jusqu'à déclarer : « Je ne crois pas que le coupable soit le Parti socialiste. »

Au temps de l'« ancien régime », la gauche soupçonnait les gaullistes ou leurs successeurs de ne pas vouloir respecter l'alternance. Aujourd'hui, du côté gaulliste, la démonstration est faite qu'elle a été respectée. Reste à la gauche à prouver que, de son côté, il en sera de même. Car, à ses yeux, il est vraiment très difficile de ne point passer pour factieux. Quand la gauche est dans l'opposition, il est antidémocratique de la critiquer, car alors on refuse l'alternance; quand elle est au pouvoir, il est antidémocratique de la critiquer, car alors on refuse le verdict du suffrage universel. Le vocabulaire socialiste même tend à dévaloriser la légitimité de l'opposant. La vie politique en France y est présentée non point sous la forme normale, majorité contre opposition, mais sous la métaphore du « changement » et de l'« hosti-

4. 25 juillet 1982.

lité au changement », le premier seul censé être voulu par le peuple, et la seconde ipso facto antirépublicaine.

Simple faconde polémique? Souhaitons-le. Mais, je le répète, au-delà des anecdotes, ce qui compte est moins la radicalisation des hommes que celle des choses, celle des systèmes irréversibles qui devront bien, tôt ou tard, ou se briser ou dérouler leurs conséquences.

Un État qui veut tout faire n'a le choix qu'entre l'autoritarisme et l'anarchie. Et d'ailleurs l'un n'exclut pas l'autre.

6 septembre 1982.

SUR LE TIERS-MONDISME

Préface au livre de Carlos Rangel : *le Tiers Monde et l'Occident* [1]

Carlos Rangel traite dans son livre d'un sujet sans espoir. En effet, dans leur majorité, les gouvernements qui dominent aujourd'hui la planète n'ont aucun intérêt à mettre en œuvre les moyens de réduire les inégalités entre nations riches et nations pauvres, parce que l'exploitation politique et idéologique de ces inégalités se trouve être pour eux plus lucrative que leur correction. Bien plus, leur correction ferait disparaître les formes de pouvoir qui règnent dans la plus grande partie du tiers monde, et qui apportent aux politiciens sachant s'en servir les satisfactions d'un mélange unique de toute-puissance et d'irresponsabilité.

A l'intérieur des pays riches, la gauche, dépouillée de son horizon moral par la faillite désormais indéniable du communisme, a reporté sur le tiers-mondisme son imagination idéologique et son besoin de culpabilité, sources

1. R. Laffont, 1982.

d'un désir d'omnipotence éternelle. Cette imagination et ce besoin, pas plus que naguère l'illusion communiste, ne viennent du souci de guérir en pratique la pauvreté dans le monde. L'objectif du tiers-mondisme est de mettre en accusation et, si possible, de détruire les sociétés développées, non pas de développer celles qui devraient l'être. Le succès paisible impliquerait une révision douloureuse de l'idéologie tiers-mondiste elle-même.

Cette attitude apparaît de façon éclatante dans le fameux Rapport Brandt, *Nord-Sud* (1980), où l'on n'envisage à aucun moment que la pauvreté relative des pays sous-développés puisse avoir d'autre explication que l'existence même des pays qui ont réalisé leur développement. Brandt attribue, dans son rapport, toute la responsabilité du sous-développement du « Sud » au « Nord » et fait peser sur ce dernier l'intégralité des devoirs à remplir pour tirer le « Sud » de son abîme.

L'Union soviétique, enfin, trouve un intérêt politique évident à perpétuer cette idéologie tiers-mondiste. Elle y trouve un terrain propice à la constitution et à l'extension rapides d'un substantiel empire colonial. Dans cet empire, la misère s'aggrave, puisqu'on ne voit pas pourquoi l'URSS pourrait exporter un bien-être qu'elle est incapable de susciter à l'intérieur de ses propres frontières. Il en va de même pour l'autre grande puissance communiste, la Chine, comme le montre l'effet dévastateur de son occupation du Tibet ou naguère de son protectorat sur le Cambodge des Khmers rouges. Mais qu'importe? L'essentiel, pour l'impérialisme communiste, est que le tiers monde croie au salut futur *avant* de passer dans la zone communiste. L'outil de leur propagande c'est l'ensemble des mensonges et des mythes qui poussent les pays sous-développés à vouloir en priorité éliminer l'influence des pays capitalistes. C'est pourquoi les États totalitaires sont des enthousiastes des « rapports nord-sud », puisque, dans ces rapports, le Sud finit toujours par se retrouver à l'Est.

On le voit, bien du monde tire profit de l'idéologie tiers-mondiste, sauf, bien entendu, les peuples du tiers monde même, auxquels personne ne demande leur avis, et qui ne pourraient d'ailleurs pas le donner, puisqu'ils vivent en quasi-totalité sous des régimes de dictature et de censure. L'Unesco, comme on le sait, entend aider les dictateurs du tiers monde à organiser et à légitimer un savoureux « nouvel ordre mondial de l'information », dont la fonction serait d'empêcher aussi bien les peuples du tiers monde d'être informés sur eux-mêmes et sur le monde extérieur que le monde extérieur d'être informé sur ce qui se passe réellement dans chaque pays du tiers monde.

L'ouvrage de Carlos Rangel paraît, pour toutes ces raisons, promis à l'exécration presque universelle. Pourtant, et les hommes de bonne volonté le sentiront, la démarche intellectuelle de Rangel est la seule qui puisse conduire à formuler clairement l'énoncé du problème des inégalités économiques entre nations, et donc qui puisse permettre de chercher la solution de ce problème.

Cette solution, on ne saurait la trouver si l'on n'est pas en mesure de répondre tout d'abord à une question que l'on pose rarement : qu'est-ce que le développement? Et ensuite à celle-ci : quelles en sont les causes? A ces deux questions, l'idéologue tiers-mondiste répond : le développement, c'est la richesse; et si les pays actuellement riches le sont devenus, c'est en dépouillant les pays actuellement pauvres, par un premier moyen qui fut la colonisation, puis par un second, le « pillage du tiers monde », ou l'« inégalité des termes de l'échange », c'est-à-dire l'achat des matières premières à un prix inférieur à leur valeur. Si l'on tient ce diagnostic pour exact, le seul moyen de relever le « défi du monde pauvre » est un transfert direct de richesses à partir du monde développé, en quelque sorte un impôt sur le revenu des riches, afin de pourvoir à une restitution des biens dérobés.

Cette argumentation repose-t-elle sur des fondements scientifiques ou bien n'est-elle qu'un fantasme, une superstructure, c'est-à-dire une supercherie idéologique voilant l'instinct de mort et une arme politique? Telle est l'interrogation qui est au centre de ce livre, tel est aussi le débat qui est au cœur de notre époque. Carlos

Rangel en a déjà traité avec originalité, profondeur, précision et courage, en ce qui concerne l'aire de civilisation latino-américaine, dans son désormais classique *Du bon sauvage au bon révolutionnaire* [2]. Il élargit maintenant ce même débat au monde non développé dans son ensemble.

Il y a deux siècles, le monde entier était, sans le savoir, sous-développé. Ce que nous nommons aujourd'hui sous-développement était l'état naturel de l'humanité. La plupart des pays classés de nos jours parmi les plus développés n'ont d'ailleurs commencé leur « décollage » que bien après les pays pionniers. Il y a cent ans à peine, parfois moins, certains de ces pays, étiquetés « riches » en cette fin du XXe siècle, étaient, compte tenu de leur bas revenu moyen par tête, de leur faible productivité agricole, de la courte espérance de vie de leurs habitants, de leur industrie primitive et de la débilité de leur commerce, proches parents des sociétés étiquetées « pauvres » de la présente décennie. Nous n'avons donc pas eu au départ un monde globalement riche dont certaines régions en auraient ruiné d'autres. Nous sommes partis d'un monde globalement pauvre, dont certaines régions se sont développées et d'autres pas.

Les régions qui se sont développées ne sont pas nécessairement celles qui ont asservi le plus grand nombre d'autres régions durant la pre-

2. R. Laffont, 1976.

mière période coloniale moderne. J'entends par « première période coloniale moderne » celle qui, du VIIIe siècle au milieu du XXe, a correspondu aux conquêtes et annexions des Européens de l'ouest, des Arabes et des Turcs. J'entends par « seconde période coloniale moderne », celle, depuis la guerre de 1939-1945, où s'est constitué l'empire colonial soviétique, qui comprend maintenant de nombreux et importants pays, en Europe même, en Asie, en Afrique, en Amérique latine, dans l'océan Indien.

Durant la première période coloniale moderne, on peut citer parmi les puissances impériales le cas de deux pays, l'Espagne et le Portugal, qui ont possédé pendant le plus longtemps des empires parmi les plus étendus et les plus riches, et qui pourtant sont les deux pays européens de l'ouest dont le décollage économique fut le plus tardif et le moins vigoureux. Inversement, l'Allemagne, exemple classique de pays sans empire appréciable, commençait à surpasser l'industrie anglaise elle-même dès la fin du XIXe siècle.

Le tiers-mondiste répondra que, pays sans colonie, l'Allemagne, ou la Suède, ou la Suisse, n'en « pillaient » pas moins les matières premières du futur tiers monde. Soit. Mais c'est l'histoire de l'œuf et de la poule : quel phénomène est à l'origine de l'autre? Sans capitaux, sans matières premières et sans énergie, pas de développement industriel possible, certes. Mais sans développement industriel, les matières premières et l'énergie n'ont aucun débouché, aucun emploi, aucune valeur. Au demeurant, pour l'énergie, le premier essor industriel de l'Europe occidentale, au XIXe siècle, fut fondé sur le charbon, extrait de son propre sol.

Quant au pillage, il a commencé au paléolithique supérieur. Depuis lors la tribu n'a cessé d'asservir et de piller l'autre tribu, le village l'autre village, la cité l'autre cité, la nation l'autre nation, l'empire l'autre empire. Tous ces pillages n'ont pas pour autant déclenché le développement. S'il suffisait de conquérir et de piller pour être développé, l'Humanité baignerait dans l'opulence depuis deux bons millénaires. Il n'est aucun peuple qui n'ait, à un moment ou à un autre, asservi et dépouillé un autre peuple, en attendant la réciproque. La misère, la famine, ou l'extrême modicité du niveau de vie du plus grand nombre n'en sont pas moins restées la marque fondamentale de l'histoire des sociétés humaines jusqu'au XVIIIe siècle. Les Barbares ont envahi et pillé l'Empire romain, mais loin de se développer grâce à ces richesses mal acquises, ils ont transporté avec eux et répandu partout autour d'eux leur sous-développement, faisant retomber l'Europe occidentale au stade protohistorique.

Car – autre erreur – la richesse n'est pas le développement. L'Irak, le Mexique, l'Indonésie, le Nigeria sont des pays riches : ce ne sont pas des pays développés. On a souvent dit à juste titre de l'URSS qu'elle était une « grande puissance sous-développée », où, par exemple, l'arriération de l'agriculture, l'incapacité à exploiter les immenses ressources énergétiques du sous-sol, le niveau de vie et de confort très bas de la population, le retard sanitaire, contrastent avec l'hypertrophie militaire et les succès dans quelques technologies de pointe. Le développement véritable, tout à l'opposé, est dû à une synergie équilibrée de facteurs où la liberté intellectuelle, le système politique et administratif, les rapports de l'État et des entrepreneurs économiques, le pluralisme dans la civilisation et les mœurs, que sais-je encore? la probité des dirigeants comptent autant ou plus que les capitaux disponibles ou l'élévation occasionnelle de la consommation.

La réponse tiers-mondiste à la question du monde pauvre est contradictoire. Si, en effet, le haut niveau économique des sociétés développées est dû exclusivement au « vol » par une minorité de pays de la richesse des autres, alors le problème est insoluble. La totalité de l'humanité, moins les dix pays les plus riches du monde, ne pourra jamais « voler » assez ou reprendre assez pour accéder au développement. Si, pour obtenir l'économie suisse, il faut dépouiller subrepticement cinquante, cent autres sociétés, ces cent autres sociétés n'obtiendront en revanche que des miettes insignifiantes si elles dépouillent toutes ensemble la Suisse. Le seul espoir que nous ayons d'arracher à la pauvreté la grande majorité des hommes, c'est que le diagnostic tiers-mondiste soit faux, c'est-à-dire que le développement résulte non d'un vol, non d'un apport extérieur artificiel, qui, par définition ne serait pas extensible à tous, mais d'un processus interne de création, d'organisation, de gestion, d'expansion, et, à l'échelle internationale, non du pillage, mais des échanges.

Si le pillage des matières premières et l'inégalité des termes de l'échange suffisaient, l'URSS, seule grande puissance coloniale actuelle, qui a pratiqué systématiquement l'inégalité des termes de l'échange au sein de son empire européen, grâce au Comecon, et exploité férocement ses colonies d'outre-mer, devrait être un des pays les plus avancés du monde et une société de consommation des plus prospères. Or elle est synonyme d'arriération et de pénurie.

Rangel a raison de le souligner, et même de placer ce thème au centre de sa démonstration : le tiers-mondisme, l'aliénation, le mensonge tiers-mondiste, c'est la récupération du problème du sous-développement par le marxisme-léninisme. Or, tant que la question du sous-développement sera uniquement une machine de guerre marxiste-léniniste contre les démocraties industralisées, il n'y aura *aucun* espoir de guérir la pauvreté du monde économiquement handicapé. Totalement incapable d'apporter la prospérité où que ce soit, ainsi que l'expérience l'a maintenant bien établi, le marxisme ne fera et ne fait qu'enfoncer davantage le tiers monde dans la misère. Il l'exploite comme outil politique, pour détruire les pays industrialisés, en attendant de lui réserver le sort peu enviable de venir grossir le troupeau des colonies soviétiques. Le scandale du mouvement dit des « non-alignés », aujourd'hui passé presque tout entier aux mains des domestiques de Moscou, est une illustration supplémentaire de cette politique purement destructive. Moscou se sert du tiers monde comme d'un foyer de subversion politique, comme ces monstres qui, jadis, mutilaient les enfants pour les faire mendier à leur profit. Tant que le communisme conservera quelque force et le socialisme quelque crédit, il n'y aura pas de solution d'ensemble possible au problème du sous-développement.

Il n'est pas d'action efficace sans analyse juste. Le barrage idéologique et démagogique nous a empêchés presque complètement de voir clair sur l'un des sujets d'études les plus vitaux de notre temps. Les rares auteurs qui l'ont abordé avec courage sont restés confidentiels, même s'ils sont devenus célèbres. Souhaitons que ce livre de Carlos Rangel fasse faire un grand pas en avant à une tâche dont dépend le sort de tant d'hommes.

Octobre 1982.

LES FAUX AMIS DU TIERS MONDE

La banqueroute des pays du tiers monde, hors d'état, pour la plupart, de rembourser leurs dettes, a été constatée par l'assemblée générale du Fonds monétaire international, à Toronto, en septembre. Accaparé par la prestidigitation du « rééchelonnement » de ces dettes, c'est-à-dire par la tâche d'aménager l'insolvabilité sans déclarer la faillite, le FMI n'a pas songé à tirer de la mauvaise nouvelle une conclusion somme toute réconfortante, du point de vue de la solidarité internationale : à savoir que, sans le vouloir, les pays riches ont donné au tiers monde beaucoup plus d'argent que le montant de leurs aides officielles. Comme il existe, en pratique, assez peu de différence entre un don que l'on reçoit et un prêt que l'on ne rembourse pas, les six cents milliards de dollars de dettes du tiers monde s'ajoutent aux aides proprement dites. Le total se rapproche dès lors de ce fameux 1 % du produit national brut des pays riches que l'on a toujours considéré comme la part de leur revenu qu'ils devraient mettre à la disposition du monde en développement.

Toutefois, les bienfaiteurs malgré eux n'ont pas plus de quoi s'enorgueillir de leur cadeau que les bénéficiaires n'ont de raisons de se plaindre de leur ruine. Car le second enseignement de l'actuelle banqueroute est que l'argent seul ne suffit pas à créer le développement. On peut être riche et ne pas être développé.

Nul cas n'illustre mieux cette saumâtre vérité que celui du Mexique. Le pays le plus endetté du monde, après le Brésil, a failli provoquer, en se déclarant insolvable, l'écroulement du système bancaire international. Mais l'énormité même de son passif démontre avec brio que sa déconfiture ne provient certes pas de ce que les capitaux lui ont manqué!

Il y a beaucoup de pauvres au Mexique, mais le Mexique n'est pas pauvre. Il était même promis, vers 1970, par les spécialistes de la prospective, à un vigoureux essor, avant même que l'on eût mesuré l'ampleur de ses réserves pétrolières – un pétrole *nationalisé*. L'apport supplémentaire en devises étrangères qu'assurait l'un des tourismes les plus florissants de la planète (imaginons une Espagne qui serait en même temps le Koweït) achevait de munir le Mexique d'atouts que n'ont jamais possédés le Japon, la Suisse ou la France. Son infortune, dit-on, vient de la baisse des cours du pétrole survenue depuis 1980. Mais, avant de baisser légèrement, le pétrole avait augmenté prodigieusement, juste à temps pour que le Mexique cueille la manne des divers envols fabuleux du prix de l'or noir. Comment tout cet argent a-t-il pu être gaspillé? Comment se fait-il qu'un pays aussi fertile doive importer tant de produits alimentaires? Comment la compénétration, notoire au Mexique, de la politique des affaires et de l'affairisme des politiciens a-t-elle agi sur le cours du peso et provoqué sa chute?

Progressiste en paroles, comme tous les présidents mexicains, José Lopez Portillo s'est offert la nationalisation abrupte de toutes les banques. Raison? Elles auraient ourdi la « fuite des capitaux ». Touchante ritournelle! Surtout quand on apprend, je cite le très pondéré *Financial Times* [1], que « d'éminentes personnalités publiques mexicaines ont joué un rôle de tout premier plan dans l'exportation de dollars à destination de comptes bancaires suisses et dans l'achat d'immeubles dans le Connecticut et en Californie ». Néanmoins, à peine sauvés de la noyade par le FMI, les dirigeants mexicains ne s'en sont pas moins rebellés contre les « conditions inacceptables » qu'entend « imposer » désormais cet organisme à la gestion des rallonges de crédit dont leur impéritie condescend à se repaître.

Autre virtuose des récriminations contre les organismes internationaux de prêts, Julius Nyerere, maître de la Tanzanie, homme de culture,

1. 9 septembre 1982.

traducteur de Shakespeare en swahili, se trouve être depuis longtemps un favori des largesses de la Banque mondiale. La Banque a voulu montrer son impartialité politique en aidant massivement un pays socialiste. La Tanzanie est le pays d'Afrique qui a reçu les plus fortes sommes, relativement à sa population de dix-huit millions d'habitants. Le niveau de vie des Tanzaniens n'en a pas moins baissé, en particulier à cause d'une collectivisation des terres qui a magistralement désorganisé l'agriculture. Mais Nyerere rend responsable de ses déboires la planète entière sauf lui-même, et plus mal il gouverne son pays, plus son prestige de figure « charismatique » du tiers monde s'accroît.

Car les peuples du tiers monde aussi ont des gouvernements. Il n'y a pas qu'aux développés qu'échoit cet inconvénient – ou cet avantage. Les peuples du tiers monde aussi peuvent être bien ou mal gouvernés. Des accidents politiques ou humains, l'usurpation du pouvoir par des dirigeants mégalomanes, fanatiques, ou simplement incapables, peuvent provoquer des régressions ou des stagnations imprévues qui anéantissent en quelques années les meilleurs atouts d'une région et infligent à sa population d'insupportables souffrances. Si des monstres précipitèrent dans l'abîme certains des plus prospères pays européens, pourquoi le tiers monde serait-il immunisé contre les délires de chefs criminels? La déchéance de l'Ouganda, de la Guinée sous Sékou Touré, de la Guinée équatoriale, de l'Iran ou du Cambodge ne relève guère d'explications strictement économiques.

Pourtant l'erreur proprement économique, la faute de jugement, sans aller jusqu'aux paroxysmes atroces de l'ineptie sanguinaire, l'erreur « normale », si l'on peut dire, est répandue et, pour excusable qu'elle soit, n'en exerce pas moins des ravages. Le ministre sénégalais du Plan, reconnaissant l'échec de l'agriculture de son pays, confiait dernièrement à un journaliste américain : « Les coopératives n'ont pas été un grand succès [2]. » En se renseignant un peu, les dirigeants sénégalais auraient pu épargner à leur pays cette stérile expérience des coopératives agricoles, gérées par l'État, dont tous les précédents, du Pérou à la Tunisie, enseignent l'effet décourageant sur les paysans et déprimant sur la production. Les pays subsahariens comptent parmi les plus défavorisés : raison de plus pour ne pas aggraver leurs déficiences naturelles en y ajoutant des obstacles factices, dus à de mauvais choix stratégiques.

Force est donc d'aboutir à ce truisme qu'on ne saurait lutter contre le sous-développement si l'on n'en comprend pas les vraies raisons. Comment peut-on guérir un mal dont on refuse de connaître les causes, ou auquel on prête des causes imaginaires? Malheureusement, le sujet du tiers monde est à ce point envenimé par l'idéologie et les passions que la recherche des

2. *Wall Street Journal*, 16 septembre 1982.

causes de la pauvreté, donc des moyens d'en sortir, s'y heurte à des interdits presque insurmontables. C'est ici qu'il faut distinguer entre ceux qui veulent vraiment aider le tiers monde et les faux amis du tiers monde. Ces faux amis défendent les intérêts non des peuples mais des gouvernants des pays pauvres. Ils aident les pires de ces gouvernants à escamoter leurs responsabilités, leurs échecs, leur corruption derrière une idéologie sur mesure : le tiers-mondisme. Comme le montre l'écrivain vénézuélien Carlos Rangel [3], l'idéologie tiers-mondiste est un coup bas aux peuples pauvres, puisqu'elle fait barrage à toute critique, donc à toute correction des politiques de leurs dirigeants, contribuant ainsi à perpétuer la pauvreté.

Le tiers-mondisme attribue le mauvais état des pays en développement à deux causes : le passé colonial et l'exploitation capitaliste des matières premières, achetées, dit-on, à des cours trop bas ou manipulés. Mais le passé colonial du Mexique étant presque aussi lointain que celui des États-Unis, on voit mal comment il expliquerait sa banqueroute actuelle.

Dans l'histoire mondiale du développement, deux des pays jadis pourvus des plus vastes empires coloniaux, l'Espagne et le Portugal, figurent parmi les retardataires de l'industrialisation, au XIXe et au XXe siècle. Ces faits ne

3. Dans *le Tiers Monde et l'Occident. De la fausse culpabilité aux vraies responsabilités*, op. cit.

doivent en rien atténuer notre condamnation morale du colonialisme, mais c'est d'économie qu'il est question ici. Or, la seule grande puissance qui possède encore des colonies aujourd'hui, et qui ne cesse d'en acquérir, l'Union soviétique, se porte particulièrement mal du point de vue économique. Quant aux matières premières, est-il besoin de rappeler qu'aucun rapport sérieux n'a réussi à prouver qu'elles étaient maintenues artificiellement au-dessous de leurs cours ou que leurs oscillations provenaient d'un complot? Est-ce le bas prix des matières premières qui a été la cause du décollage industriel des pays actuellement développés? Ou est-ce au contraire le décollage industriel qui a fait que les matières premières ont atteint un prix élevé? Sans utilisateurs, comment les matières premières pourraient-elles coûter si cher? Quand le monde industrialisé va mal, les matières premières baissent, comme en 1981, et le revenu des pays en développement baisse aussi. Contrairement à ce que croient ses faux amis, le monde pauvre ne s'enrichira pas au moyen de la seule destruction du monde riche.

Au demeurant, toutes les nouvelles en provenance du tiers monde ne sont pas catastrophiques, et on s'étonne de les voir systématiquement noircies. N'oublie-t-on pas un peu vite, par exemple, ce fait inespéré qu'au cours de la décennie 1970-1980 l'immense Inde, hier encore terre de la famine chronique, a rattrapé le petit groupe des pays qui se suffisent à eux-mêmes au point de vue alimentaire et que, même, elle exporte des céréales? Le Sri Lanka et jusqu'au Bangladesh progressent. Les pays non communistes de l'Asie du Sud-Est, et aussi Taiwan, la Corée du Sud, ont soutenu depuis dix ans des taux de croissance compris entre 5 et 10 %, parfois davantage. Sans autoriser la béatitude, loin de là, les derniers rapports de la Banque mondiale, en 1981 et 1982, font néanmoins ressortir que les pays en voie de développement dans leur ensemble ont réalisé des croissances supérieures en moyenne à celles des pays développés. La Banque souligne à juste titre qu'en revanche l'une des clés du développement consistera dans la révision urgente de politiques agricoles dirigistes, doctrinaires et dévastatrices.

Reste le point le plus noir, les « pays les moins avancés », la trentaine de nations, deux cent quatre-vingts millions d'humains environ, dont le revenu par tête est inférieur à cent dollars par an. Ceux-là (parmi lesquels certains grands sinistrés de la politique, comme l'Ouganda et l'Afghanistan) relèvent d'un devoir absolu d'assistance et de solidarité. Mais ils ne se sauveront que si le cercle des pays capables de les aider s'élargit, donc si les pays moyennement développés achèvent leur développement. Ces pays courroies feront-il preuve de compétence, au lieu d'immoler leurs ressources et leurs possibilités sur l'autel de l'idéologie, de la xénophobie et de l'irrationalité?

4 octobre 1982.

TIERS MONDE : LES NOUVEAUX RICHES

Les pays riches qui se plaignent de la « concurrence déloyale » des produits manufacturés de certains pays en développement commettent à la fois une faute et une erreur. La faute consiste à s'indigner vertueusement de la pauvreté pour tonner ensuite lorsque certains pays du tiers monde parviennent effectivement à se développer. L'erreur consiste à expliquer par les seuls bas salaires les succès commerciaux des nouveaux producteurs industriels, et d'ailleurs à supposer ces salaires beaucoup plus bas qu'ils ne sont. Les revenus sont bas partout dans le tiers monde, mais seuls certains pays décollent et parviennent du même coup à faire monter les revenus.

En fait, le décollage de nos nouveaux concurrents est dû avant tout à des politiques économiques judicieuses et à une volonté de réussite dont nous pourrions nous-mêmes tirer quelques leçons. Enfin, il est de notre intérêt de comprendre que les pays qui entrent dans la compétition en devenant vendeurs entrent du même coup dans le marché international en tant qu'acheteurs. Les asphyxier en leur opposant notre protectionnisme se retournerait contre nous.

Lorsqu'on évoque les pays récemment industrialisés, c'est à l'Extrême-Orient surtout que l'on pense. Là se sont produits les seuls « miracles » du tiers monde qui ne soient pas dus au renchérissement du pétrole, qui n'aient pas avorté, comme au Mexique, ou qui ne s'accompagnent pas, comme au Brésil, d'un coût social inacceptable. Le peloton de tête de ces pays asiatiques, pour lesquels l'expression « en voie de développement » est plus qu'un simple euphémisme, comprend Singapour, Hongkong, Taiwan et la République de Corée (Corée du Sud).

Ayant décollé vers 1960, ces pays, qui possèdent peu ou pas du tout d'énergie et de matières premières, ont réussi à conserver, même après le début de la crise mondiale, des taux de croissance compris entre 8 et 10 % par an et parfois supérieurs à 10 %! Après une chute brutale en 1979 et 1980, au moment du deuxième choc pétrolier, leur taux de croissance a remonté, pour se stabiliser autour de 6 % par an, chiffre de crise pour eux, chiffre pourtant supérieur encore à la moyenne européenne des belles années d'antan. De 1960 à 1978, le revenu moyen par tête a progressé dans ces quatre pays à la cadence de 7 % l'an, alors que la moyenne annuelle de cette progression pour l'ensemble du tiers monde, durant la même période, était de 3 %. De plus, la distribution du revenu national des nouveaux venus de l'expansion est beaucoup moins inégalitaire que les Occidentaux ne sont portés à le croire. L'impression visuelle que l'on retire de Séoul ou de Singapour n'a rien de commun avec le spectacle que donnent les grandes villes d'Amérique latine, ou même certains quartiers d'immigrés dans les métropoles européennes. On n'y voit ni taudis, ni haillons, ni ordures. Seule Hongkong est souillée de bidonvilles, parce que s'y accumulent des immigrés, des réfugiés plus exactement : les *boat-people* vietnamiens, mais surtout, depuis longtemps, le flux des Chinois échappés de la Chine communiste au péril de leur vie. Depuis 1979 seulement, il y en a eu quatre cent mille, venant grossir une population d'à peine cinq millions deux cent mille habitants.

Le Fonds monétaire international vient d'établir, dans le numéro de septembre de sa publication mensuelle, *Euromoney*, le classement mondial des performances économiques, pays par pays, en mesurant leur progression en 1982 par rapport à la même période en 1981. *Parmi les vingt premiers classés figurent neuf pays en voie de développement de la zone Pacifique ou Sud-Est asiatique, et ne figure aucune des grandes puissances industrielles de l'OCDE, sauf le Japon*, qui est seizième. Dans ce palmarès, que domine en première place l'inéluctable Arabie

Saoudite, Singapour se trouve deuxième; la République de Corée, troisième; la Thaïlande, cinquième; la Birmanie, sixième; Taiwan, septième; l'Indonésie, neuvième; Hongkong, dixième; la Malaisie, onzième; et les Philippines, dix-septième. Bien qu'il s'agisse, on l'a compris, d'un classement *de la progression* et non du niveau, cette liste n'en est pas moins édifiante et, à lire les noms de certains lauréats, étonnante.

La Birmanie, par exemple, qui vient de couler vingt années dans une solitude albanaise, sous la férule socialiste d'un despote xénophobe, Ne Win, a, malgré ses riches terres et son pétrole, l'un des revenus par tête les plus bas du monde : 180 dollars annuels, contre 3 000 pour Hongkong et 1 400 pour Taiwan. Néanmoins, depuis quatre ans, la Birmanie réalise une croissance de 7 à 8 %, grâce en grande partie au secteur libre de l'agriculture et à une économie souterraine prodigieusement active dans la petite industrie manufacturière. On trouve de tout à Rangoon, sauf au cours officiel. Forts d'un socialisme régénéré par le marché noir, les ministres birmans multiplient soudain les visites à l'étranger, les accords de coopération. Ils ont doublé sur deux ans leurs exportations dans le Sud-Est asiatique.

Tout à l'opposé, Sri Lanka, très pauvre également, a explicitement et légalement jeté pardessus bord, il y a cinq ans, le dirigisme, la bureaucratie, les réglementations, pour revenir sans réserve à l'économie de marché, aux allégements fiscaux, encourageant les multinationales à investir dans le pays. Des dizaines de milliers d'emplois industriels se sont ainsi créés. La suppression du contrôle des prix agricoles, en outre, a aiguillonné la production au point que, pour la première fois depuis un siècle, Sri Lanka récolte assez de riz pour ses besoins. Le pays est parvenu à 8 % de croissance en 1978. Ensuite, après le deuxième choc pétrolier, il est « tombé », si je puis dire, à 5 %. En tout cas, les électeurs ne semblent pas mécontents des résultats de cette libéralisation économique, puisqu'ils viennent de maintenir au pouvoir l'homme qui l'a conduite depuis cinq ans, Junius Jayawardene, lors de l'élection présidentielle du 20 octobre 1982. Dans l'actuel monde en crise, c'est l'un des rares sortants qui n'aient pas été sortis.

Sans doute le produit national brut par habitant de Sri Lanka est-il encore très bas. Mais il ne faut pas oublier que celui de la République de Corée était, en 1954, équivalent à celui du Tchad aujourd'hui (moins de cent dollars par an) et qu'il a atteint, en 1981, mille six cent cinquante dollars. Et cela au sortir d'une longue exploitation coloniale japonaise, de 1910 à 1945, et de la guerre de Corée, qui non seulement détruisit presque tout, mais sépara le sud de la partie nord, où se trouvent les ressources minières et qui était alors la seule industrialisée. Quand on examine les ressorts du développement des quatre vedettes de l'Extrême-Orient, on s'aperçoit qu'ils reposent sur deux principes.

Le premier, c'est que l'agriculture n'a pas été sacrifiée à l'industrialisation. Cette remarque ne vaut évidemment que pour Taiwan et la Corée, les deux autres pays (Singapour et Hongkong) étant des États-villes. Taiwan et la Corée sont parvenues à la quasi-autonomie alimentaire. La campagne y offre à l'œil une mosaïque multicolore de parcelles aussi nettes et soignées qu'un paysage toscan ou hollandais. La réforme agraire coréenne a consisté non pas à créer de ces grandes coopératives bureaucratisées qui, partout dans le tiers monde, font s'effondrer la productivité, mais à distribuer effectivement les terres. De 1947 à 1964, le pourcentage des propriétaires est passé de 16,5 % à 77,6 %; celui des métayers, de 42 % à 5 % des ménages agricoles [1]. Le second principe, c'est que l'industrialisation a été conçue d'emblée en vue de l'exportation. En général, les pays les moins avancés envisagent une industrialisation tournée vers l'intérieur comme un moyen de se rendre indépendants des grandes puissances industrielles. Ils aboutissent trop souvent à des industries coûteuses et peu productives, trop protégées, fabriquant des produits inférieurs aux produits importés. Ceux-ci deviennent le

1. J.-R. Chaponnière, *la République de Corée*, la Documentation française, 1982.

gibier d'un marché noir malsain. L'objectif de l'indépendance n'est pas atteint.

A l'inverse, Hongkong, Singapour, Taiwan et la République de Corée ont visé dès le départ l'immersion dans la compétition internationale. L'accroissement de leurs exportations est constitué, avant tout, entre 1960 et 1980, par des produits manufacturés. Il y a quinze ans, ces produits étaient des textiles, des vêtements, des chaussures, du contre-plaqué; actuellement, c'est aussi de l'acier, des navires, de l'électronique, des usines clé en main. Dès 1969, Taiwan avait réalisé l'équilibre des exportations et des importations, ce qui dispensa l'île d'avoir à faire appel à l'aide étrangère, et même à des emprunts. Depuis, la balance du commerce extérieur a toujours été excédentaire, sauf en 1974 et 1975, après le premier choc pétrolier. Les produits manufacturés représentent plus de 90 % des exportations. C'est aussi le cas de la Corée, où le commerce extérieur avoisine les 80 % du PNB. Dans ces deux exemples, nous avons affaire à des économies ouvertes qui achètent presque autant qu'elles vendent : la France est en pourparlers avec la Corée du Sud pour y construire un métro, un TGV, une centrale nucléaire. Le commerce international est ainsi fait : on ne peut espérer avoir des clients que si l'on accepte que ces clients soient en même temps des concurrents. Sinon, comment seraient-ils solvables? Les clients ne peuvent payer que si eux aussi vendent. Je ne parle pas des clients qui ne nous achètent nos produits qu'avec l'argent que nous leur donnons ou leur prêtons à perte. Comment le tiers monde pourrait-il s'arracher au sous-développement sans rien produire de vendable, ou en assumant d'emblée des charges sociales et des coûts salariaux que l'Occident a mis un siècle à atteindre ?

En un mot, on constate que les pays pauvres qui se contentent d'exporter leurs matières premières ne parviennent pas à décoller, même quand le cours de ces matières premières monte. En revanche, des pays sans matières premières parviennent à décoller en conjuguant une politique agricole intelligente et une industrie tournée vers l'exportation. Bien sûr, quand une puissance comme l'Indonésie réunit les trois atouts, on peut lui prédire un brillant avenir, que seules de colossales bêtises pourraient compromettre.

Les malthusiens qui déplorent l'efficacité des nouveaux pays industrialisés devraient pourtant avoir un sujet de consolation : songeons en effet que le choc de la nouvelle concurrence se trouve considérablement atténué, pour les vieux pays capitalistes, par le fait que la Chine continentale est communiste. Avec l'extraordinaire esprit d'accomplissement des civilisations asiatiques, imaginons un instant ce que représenterait, pour nous, comme défi, la productivité et l'agressivité exportatrice d'une Chine capitaliste : dix Japon, vingt-cinq Corée du Sud, cinquante-cinq Taiwan, deux cents Hongkong, quatre cents Singapour! Nous serions submergés. Ce défi, pourtant, il faudra bien un jour le relever, si jamais la Chine sort du congélateur de l'Histoire [2].

1er novembre 1982.

2. Six mois après la parution de l'article ci-dessus, j'eus le plaisir de voir publiée une étude vivante et sérieuse sur les pays nouvellement industrialisés de la zone pacifique : *A l'est du monde,* de Gilles Etrillard et François Sureau (préface de Raymond Barre). Fayard.

INFORMATION : L'OBJECTIVITÉ EXISTE

Parmi toutes les idées reçues qui encombrent les cervelles humaines, on en trouve une dont la sentencieuse énonciation éveille régulièrement dans toute assistance un frémissement approbatif : « L'objectivité n'existe pas. » Dans l'information, s'entend. Elle existe ou peut exister, paraît-il, dans la politique, le syndicalisme, la diplomatie, les affaires, la culture, la justice. Mais la possibilité même en resterait par principe fermée aux seuls professionnels dont le métier consiste précisément à tenter d'établir une information exacte. Informer, de par une mystérieuse loi naturelle, prendrait source et vigueur dans un relativisme intégral. Les journalistes devraient donc borner leur ambition à juxtaposer des *points de vue*, parmi lesquels le public choisirait.

Entre les pays où le pouvoir politique tient en esclavage la communication et ceux où il lui abandonne une marge variable d'indépendance, il y aurait une seule différence : dans le second cas, les citoyens disposeraient d'un éventail de visions *subjectives* de la réalité. Leur unique avantage sur les citoyens des régimes dictatoriaux tiendrait à la licence d'opter pour leur vision préférée, au lieu d'ingurgiter, faute d'une autre, l'interprétation officielle des événements. Leur privilège ne consisterait point en la capacité d'accéder à une information plus véridique, plus honnête, plus complète. L'épanouissement suprême de la communication libre résiderait dans le seul *pluralisme des affirmations gratuites*, non dans l'information sérieuse.

Le paradoxe de ce lieu commun censément profond, c'est la faveur qu'il rencontre parfois auprès des journalistes. Depuis le juge Bridoye, qui, chez Rabelais, joue aux dés ses sentences, on a rarement vu des magistrats clamer que le droit relève du pur hasard, ou des médecins mettre sous les yeux du patient une cinquantaine d'ordonnances, à discrétion, en arguant que toutes se valent et qu'il leur suffit pour remplir leur devoir d'assurer le « pluralisme » thérapeutique.

Comment un journaliste peut-il laisser dire que l'information juxtapose de purs éclairages arbitraires et invérifiables des événements, et que seules leur abondance et leur diversité justifient la corporation ? Car des professionnels, dans des livres graves, confessent avec une sorte de fierté que « l'objectivité n'est qu'une idéologie ». On enseigne ce précepte dans des écoles de journalisme à des étudiants que semble ravir ce décri de leur métier futur. Quant aux maîtres du pouvoir politique, rarement comblés de concessions spontanées, ils se ruent avec délectation sur ce cadeau inespéré que leur font les journalistes par le seul fait de confesser que l'objectivité de l'information est une illusion démodée.

Cette maxime masochiste ne légitime-t-elle pas en effet toutes les formes directes et indirectes de contrôle des moyens de communication, rêve caressé depuis le fond des âges par les gens de pouvoir? Si toutes les versions de la réalité se valent, si aucune n'est vraie, pourquoi celle du gouvernement mériterait-elle moins le respect qu'une autre? Et quelle immoralité commet-il en effaçant telles versions, telles informations différentes des siennes, mais de l'aveu général aussi arbitraires?

Aussi la ritournelle de l'impossible objectivité n'est-elle que l'élégant masque philosophique d'une bataille contre la liberté même d'informer. Car cette thèse agite en nous de flatteuses résonances philosophiques sur la « connaissance objective », au sens absolu du terme, et nous rappelle vaguement tout ce que les plus grands penseurs ont énoncé sur la vanité d'espérer définir avec rigueur un tel idéal.

Quand les sciences, même dites exactes, relativisent aujourd'hui considérablement le critère de l'objectivité, comment en effet les sciences de l'homme, comment l'histoire, dont après tout le journalisme est la patrouille de reconnaissance, oseraient-elles se targuer d'une certitude totale?

Excellente question, comme disent nos politiciens, mais qui confond deux niveaux de réflexion. Si la théorie de la connaissance, la philosophie des sciences ont critiqué depuis longtemps l'idée naïve d'une vérité absolue, en revanche, la pratique de la science n'en continue pas moins de reposer sur le système de la vérification et de la preuve. Elle rejette impitoyablement la fausse monnaie. En un mot, si l'objectivité absolue n'existe pas, l'effort pour y parvenir existe bel et bien. C'est vrai aussi dans le journalisme, malgré la difficulté supplémentaire d'opérer sur une matière en fusion, semée de pièges, minée de mensonges et secouée de passions. Reste néanmoins que l'humble collecte et la vérification des faits atteignent, quand on s'en donne la peine, à une approximation de vérité : toujours flottante, certes, entre le plausible et le certain, mais dont il est hypocrite de dire qu'elle est interchangeable avec n'importe quelles affirmations farfelues ou falsifications grossières. Et d'ailleurs, si l'objectivité, dans ce modeste sens réaliste et quotidien, était une utopie, comment se fait-il que tant de gens de par le monde s'affairent à lui barrer la route et à obtenir que la presse renonce à diffuser des nouvelles exactes?

En cette fin de 1982 se relance par exemple à l'Unesco l'offensive commencée voilà six ans pour un « nouvel ordre mondial de l'information ». Sous cette formule, et sous des prétextes présentés comme « progressistes », se cache une tentative de censure mondiale due à l'Union soviétique et à un groupe de gouvernements du tiers monde. Le but en est d'empêcher la presse et les agences internationales d'informer le monde sur ce qui se passe dans certains pays, et d'informer les ressortissants de ces pays à la fois sur ce qui se passe dans le monde et sur ce qui se passe chez eux. Le principe de ce « nouvel ordre » consisterait à soumettre à la censure de chaque gouvernement non seulement les médias et la presse dans le pays même, ce qui est fait depuis belle lurette, mais la presse étrangère, qui n'aurait droit comme source d'information qu'à l'agence nationale, c'est-à-dire, cela va de soi, gouvernementale. Comme sur les cent cinquante-quatre membres des Nations unies, moins de trente sont démocratiques et respectent totalement ou partiellement la liberté d'informer, le monde que nous prépare l'Unesco risque de sombrer presque entier dans la nuit éternelle des dépêches officielles. Même dans le groupe réduit des pays démocratiques, il en est où un secteur de l'information appartient à l'État, et un autre en reste indépendant.

Pour excuser cet empiétement, même dans les pays libéraux, on avance que la survie d'un secteur libre « garantit le pluralisme », et que d'ailleurs on « organise le pluralisme » à l'intérieur des médias étatisés. C'est ainsi qu'en Italie on a depuis longtemps attribué une chaîne de télévision à la Démocratie chrétienne et une autre à la « sensibilité » socialiste ou communiste. Nous voilà retombés dans ce qu'il faut dénoncer comme une imposture. *Le problème de l'information n'est pas réglé simplement par le choc des propagandes contraires.* C'est dans la subtile déformation des nouvelles elles-mêmes que réside le vrai danger pour l'objectivité. Plus que les diatribes, les pouvoirs haïssent le petit fait précis qui dérange : on l'a vu récemment à la réaction furibonde du gouvernement français après un article révélant l'étendue de notre endettement extérieur. La liberté d'opinion n'a de prix qu'appuyée sur l'exactitude de l'information. Le pluralisme véritable découle de cette richesse de l'information, il ne la remplace pas. C'est pourquoi distinguer entre presse d'opinion et presse d'information, entre le commentaire, qui serait « libre », et l'information, qui serait « sacrée », m'a toujours paru fallacieux.

Que vaut en effet un commentaire mal informé? Une pure opinion qui s'exprimerait en toute ignorance des données dont elle traite? Je ne dis pas que le cas soit fréquent, je dis que les deux questions n'en font qu'une. Le jugement présuppose l'analyse, et l'analyse présuppose la connaissance du dossier analysé. L'opinion indifférente aux faits, l'opinion connue d'avance n'intéresse personne : la diffusion squelettique des journaux de partis politiques en témoigne.

Il est vrai que, bien souvent, journalistes et historiens nous communiquent plus leurs propres opinions que les faits sur lesquels ils les expriment. Mais ce n'est point parce qu'ils ne peuvent pas faire autrement, c'est parce qu'ils ne *veulent* pas faire autrement. Par exemple, la majorité des journaux et des médias, aux États-Unis, avaient adopté l'hypothèse, avant les élections du Salvador, en mars 1982, que le mot d'ordre d'abstention des guérilleros serait très largement suivi. En d'autres termes, ils avaient surévalué la popularité du Front Farabundo Marti. A midi encore, le jour du scrutin, David Brinkley et Jim Wooten, de *ABC-News*, prédisaient imprudemment une participation réduite, à l'heure même où l'on commençait à se rendre compte que les paysans bravaient le mot d'ordre des guérilleros. La participation atteignit 80 % (contre 50 % en 1972) sans fraude grave, et malgré les dangers. Depuis décembre, des sondages confidentiels indiquaient d'ailleurs qu'entre 70 % et 85 % des Salvadoriens avaient l'intention de voter. Mais nos confrères refusaient, par hostilité à la politique de Reagan, de prendre au sérieux ces sondages, qui contredisaient leurs a priori.

Loin de prouver une quelconque impossibilité objective, cette mésaventure démontre que *la plupart de nos erreurs sont techniques* et proviennent de ce que nous n'avons *pas utilisé* les moyens d'information que nous avions, et non point de ce que ces moyens n'existaient pas. Nos préjugés ou notre maladresse nous jouent parfois de mauvais tours, comme dans tout métier, certes, mais cela ne change rien au principe. Je ne vois aucune raison concrète et pratique d'affirmer que la fausse piste empruntée, en l'espèce, par nos confrères était impossible à éviter. Dans presque tous les cas analogues, on s'aperçoit qu'avec un peu plus de scrupule et de recherche la cause de l'erreur aurait pu être supprimée.

Quand le *Times* de Londres écrit dans un éditorial, le 25 novembre dernier, que la majorité socialiste en France, malgré ses déboires économiques, conserve un fort crédit politique, le jour même où paraît un nouveau sondage indiquant le contraire, cette bévue vient non d'une fatalité métaphysique, mais d'une banale négligence.

Ces scories qui souillent les meilleures intentions incitent donc à penser qu'il faut davantage d'objectivité, et non pas moins! Dorloteurs et endormeurs nous susurrent perfidement à l'oreille le paradoxe à la mode : renoncez à l'impartialité, à la compétence, ce sont des mythes. Non. Les journalistes n'ont pas à déclarer forfait. Les lecteurs non plus. L'objectivité existe. Et il ne tient qu'à nous de la rencontrer le plus souvent possible.

6 décembre 1982.

ÉCONOMIE SOVIÉTIQUE : LA RÉFORME IMPOSSIBLE

Les successions des « princes » communistes suscitent dans les démocraties « bourgeoises » des marques de deuil et d'espoir parfois plus intenses que dans les pays socialistes. Nous élevons au disparu un mausolée de louanges tout en prophétisant que son successeur va prendre le contrepied de son exécrable politique. Poussées jusqu'à la caricature après la mort de Mao, ces effusions contradictoires ont à nouveau jailli après celle de Brejnev, avec, il est vrai, moins de lyrisme, registre auquel invitaient modérément et le défunt et le dauphin. En pratique, les Occidentaux décident au début qu'il leur incombe de faire d'emblée confiance au successeur, à sa volonté pacifiste et réformatrice, sans même qu'elle se manifeste par des actes.

Cette confiance comporte deux volets : les relations extérieures, où nous parions volontiers sur les intentions conciliantes de la nouvelle direction ; la politique intérieure, où nous annonçons périodiquement les réformes, la modernisation de l'économie, voire une relative démocratisation de la vie publique. Le premier volet se trouve aujourd'hui au centre du débat entre l'Est et l'Ouest, et, on peut le dire d'ores et déjà, à la source d'une nouvelle déception de l'Ouest. Je voudrais parler ici du second volet, aussi décisif pour notre avenir, parce qu'étroitement lié au premier : l'Andropov « réformateur ».

L'économie soviétique se porte si mal que des soviétologues parmi les plus rassis estiment que le successeur de Brejnev doit choisir entre l'écroulement de la machine économique et une modernisation audacieuse. D'où une décision capitale pour nous : faut-il aider ou non l'Union soviétique à sortir de son marasme? La rendrons-nous ainsi plus accommodante ou bien profitera-t-elle de sa vigueur retrouvée pour nous bousculer de plus belle? Tout le vieux casse-tête de la « détente » resurgit là.

L'économie soviétique peut-elle se moderniser? S'il était exact que seule la modernisation pourrait lui épargner l'effondrement, on entrevoit les conséquences incalculables d'un nouvel échec. Mais aussi l'on s'étonne de voir certains commentateurs occidentaux annoncer une fois de plus que la rénovation des économies communistes, en Chine comme en Union soviétique d'ailleurs, va de soi, se trouve à portée de la main, qu'il y suffit d'un peu de détermination et d'énergie de la part du nouveau chef.

Ainsi, le correspondant à Moscou du *Financial Times* [1] rend hommage au style « rafraîchissant parce que sans détour » dans lequel Andropov a lancé sa « croisade contre l'absentéisme, le travail négligé, la bureaucratie sans imagination et inefficace » pour ordonner d'« accroître la productivité ». S'il réussit, poursuit notre confrère, « Andropov pourrait passer à l'histoire comme un homme de la stature de Pierre le Grand ». Belle consécration anticipée pour un dirigeant qui était au pouvoir depuis moins d'une semaine quand il a tenu ces propos! Au lieu de comparer les responsables soviétiques à l'un ou l'autre tsar (l'autre étant d'ordinaire Ivan le Terrible), on ferait mieux de comparer l'histoire soviétique à l'histoire soviétique elle-même.

Les sermons sur la productivité sont aussi vieux que le régime, de même que les palliatifs par lesquels on tente de l'améliorer : création d'incitations individuelles au travail, réintroduction d'une petite autonomie de décision des unités productives, lutte contre la corruption. On trouve tout cela au début des années vingt, au moment où Lénine, devant la gravité de la famine, lance la Nouvelle Politique Economique, la NEP. On le retrouve durant les années du « dégel » khrouchtchévien. Khrouchtchev, lit-on souvent, s'est vu démettre de ses fonctions par ses pairs à cause de l'agriculture. C'est vrai,

1. 26 novembre 1982.

mais pas comme on le pense. Certes, 1962, 63, 64 avaient vu des récoltes particulièrement désastreuses. Mais où prend-on qu'un dirigeant soviétique perde sa place à cause d'un désastre agricole? A ce compte, Brejnev aurait dû sauter dix fois entre 1970 et sa mort. La bureaucratie écarta Khrouchtchev parce que, pour revivifier l'économie, il s'en était pris au monopole du parti en créant des comités régionaux industriels et agricoles indépendants. C'était là priver les secrétaires régionaux et autres apparatchiks du PC de leur toute-puissance territoriale et donc de leur principale source de profit. La nomenklatura ne le supporta pas [2].

D'où la course en sac que déclenche toute velléité de libérer une économie communiste. Après avoir atteint une certaine vitesse, les coureurs ne peuvent plus accélérer qu'en se débarrassant du sac, c'est-à-dire du parti ou de son monopole de décision, raison d'être et condition du régime. Ce serait la révolution! Alors la nomenklatura freine et on en revient à la planification centralisée, c'est-à-dire à la stagnation ou au recul.

Ce scénario s'est rejoué durant les années soixante, car Brejnev à ses débuts, comme Andropov aujourd'hui, chanta l'hymne à la productivité, à l'initiative, à l'intégrité : selon le rite en pareil cas, on injecta un peu de

2. Voir Pierre Daix, *la Chute de Khrouchtchev*, éd. Complexe, 1982.

vitamine capitaliste dans le communisme, on toléra quelque profit, quelque initiative au sein des entreprises, on voulut redonner la parole au marché. Ce fut l'heure de gloire d'un certain Ivan Khoudenko, haut fonctionnaire de la section financière du conseil des ministres et vice-ministre, qui obtint des résultats inespérés en instaurant dans certaines fermes collectives un système fondé sur la liberté commerciale et la gestion indépendante. Il eut des émules, tant et si bien qu'une véritable vague de capitalisme clandestin parcourut le pays, et que se constitua une « opposition économique », dit Vladimir Boukovski, chose, ajoute-t-il, que le pouvoir ne put supporter, car « la supériorité du principe capitaliste sur le principe socialiste de gestion ressortait par trop ». Les novateurs furent pourchassés, traduits en justice, envoyés en prison. Khoudenko lui-même fut condamné à six ans sous l'imputation superbement ingénieuse de « déprédation de la propriété socialiste ». Il en va toujours ainsi dès le moment, et ce moment vient très vite, où l'introduction de stimulants économiques normaux entre en conflit avec les fondements politiques du système.

Il en est allé ainsi également en Chine, où Deng Xiaoping, autre « réformateur », a brusquement mis un terme en 1979 à la « cinquième modernisation » : la démocratie, sous la forme timide d'un droit à la parole sur la gestion de la société accordé à d'autres que les dignitaires du parti. C'est pourquoi il ne saurait être question d'appliquer à l'URSS le « nouveau mécanisme économique » hongrois, avec son secteur quasiment capitaliste de petites entreprises privées, légales, compétitives et exportatrices. Une tolérance sans danger grave dans ce lopin marginal du communisme, avec ses dix millions d'habitants, étroitement surveillés par les « camarades conseillers » de l'Armée rouge présents sur place, ne pourrait s'octroyer aux deux cent soixante millions d'habitants de l'immense Union soviétique sans ébranler les assises mêmes du monde communiste.

Comme la lutte pour l'efficacité, et pour les mêmes raisons, la lutte contre la corruption atteint rapidement ses limites. La corruption constitue l'une des sources des privilèges de la nomenklatura, et aux gens ordinaires ouvre une manière de marché, y compris le marché noir proprement dit. Quand on parle d'extirper la corruption, il s'agit donc plus modestement de la ramener dans des bornes où elle obvie aux lourdeurs du système sans se développer au point de le mettre en péril. Jadis, en Azerbaïdjan, une créature d'Andropov, Aliev, un homme du KGB, aujourd'hui numéro deux du Politburo, se chargea de refouler une corruption qui avait fini par soustraire cette république à l'autorité officielle. Il muta dans l'administration locale, entre 1969 et 1972, près de deux mille agents du KGB qui devinrent immédiatement eux aussi corrompus, mais dans les limites compatibles avec le respect de l'autorité politique [3]. La « lutte contre la corruption » que ce même Aliev se propose, dit-on, de mener à l'échelle de l'URSS tout entière se pliera aux mêmes critères.

Le prudent Brejnev avait saisi qu'aucune réforme économique réelle n'atteindrait son but sans toucher aux racines du pouvoir. C'est pourquoi il inventa la détente, et, reprenant une vieille idée de Lénine, décida de se fournir au plus bas prix possible dans le camp capitaliste. Dans le seul secteur alimentaire, l'URSS n'ayant produit en 1982 qu'environ cent soixante millions de tonnes de céréales au lieu des deux cent trente-huit millions prévues par le Plan, en aura importé presque cinquante millions de tonnes : la plus grande quantité de céréales jamais importée par un pays depuis les origines de l'humanité [4]. La quantité de ces importations a doublé depuis 1975 sans pourtant que la situation alimentaire s'améliore, puisque au contraire la crise alimentaire actuelle en URSS est la plus grave depuis le début de l'ère brejnévienne.

« Une civilisation évolue de l'agriculture au paradoxe », dit Cioran. En URSS, le paradoxe, c'est l'agriculture elle-même. Elle réussit à n'être ni traditionnelle ni moderne, car la pla-

3. Ilja Zemtsov, *la Corruption en Union soviétique*, Hachette-Littérature, 1976. Préface d'Alain Besançon.

4. Statistiques dans *l'URSS et l'Europe de l'Est*, la Documentation française, 1982; *U.S. and Soviet Agriculture*, Worldwatch Paper, Washington, 1982.

nification centralisée est incompatible avec la première, qu'elle a tuée, comme avec la seconde, qu'elle empêche de naître. La baisse de la production depuis dix ans affecte non seulement les céréales mais les pommes de terre, le tournesol, les fruits, la viande, les légumes. Durant la même période, la production agricole dans le monde augmentait presque partout. Pour la première fois, en 1981, la production de céréales aux États-Unis a été deux fois celle de l'URSS : trois cent trente et un millions de tonnes contre cent soixante-cinq. En 1950, elle se situait dans les deux pays autour de cent millions de tonnes. Les Soviétiques n'ont jamais autant dépendu qu'aujourd'hui de l'importation pour leur subsistance. Deux fois par jour, un navire de vingt mille tonnes chargé de céréales quitte un port américain pour un port soviétique.

Selon certains experts, l'économie soviétique ne se porte pas si mal. La CIA calcule, dans un rapport remis au Congrès à la veille de Noël, que l'URSS a joui de taux de croissance élevés depuis 1950, malgré son fléchissement récent. Son économie ne se trouverait donc ni proche de l'effondrement ni même gênée par des sanctions. Brejnev soulignait-il donc à tort, devant le comité central, en novembre 1981, la gravité de la crise alimentaire et de ses conséquences *politiques* possibles?

On est certes familiarisé avec les taux de croissance faramineux affichés par les pays communistes : cela rend d'autant plus intrigant le mystère de leur désintégration au cours de leur descente vers la vie quotidienne. Les évaluations économiques de la CIA ont toujours été assez déroutantes. En décembre 1959, Allen Dulles, chef de l'Agence depuis six ans, se déclarait « préoccupé du fait que l'économie soviétique se développe beaucoup plus vite que celle des États-Unis ». On connaît la suite. Autre exemple : en 1974, la CIA évalue à 6 % du produit national brut les dépenses militaires soviétiques [5]. Deux ans plus tard, elle annonce que ses estimations annuelles ont été erronées depuis quatorze ans et que le pourcentage doit être doublé rétroactivement !

Il paraît aussi utopique de croire à l'effondrement spontané de l'économie soviétique qu'illogique de la proclamer insensible à des sanctions. Elle a trop souvent démontré sa capacité à s'éterniser dans le marasme pour qu'on la voie s'écrouler demain, mais elle souffre de trop graves lacunes pour n'être pas de toute évidence vulnérable aujourd'hui.

3 janvier 1983.

5. *New York Times*, 22 juillet 1974.

ENSEIGNEMENT : LA MISE A MORT

Le ministre de l'Education nationale a rappelé dernièrement sur les ondes que la France avait vu naître quarante et une réformes ou projets de réforme de l'enseignement depuis la Libération. Les auditeurs ont, pour la plupart, sans doute, eu tendance à en conclure que, somme toute, cet innocent passe-temps n'avait pas grande importance. Quand un pays transforme son enseignement aussi souvent que la Bolivie change de régime, c'est probablement qu'une tradition solide se charge d'assurer une continuité, au-dessous et hors d'atteinte de l'agitation éphémère des pédagogues de cabinet.

Cet optimisme est aujourd'hui injustifié pour deux raisons. D'abord, une mauvaise réforme peut ne rien apporter mais beaucoup détruire. Ensuite, comme il est indéniable que tout système éducatif doit périodiquement changer, la mauvaise réforme chasse la bonne. Elle l'empêche de voir le jour. C'est pourquoi les jeux des pédagogues abstraits, qui font et défont cycles, programmes et méthodes, comme si les enfants étaient un cube de Rubik abandonné à leur inlassable et interminable manipulation, laissent des traces souvent indélébiles. La loi Haby, votée en 1975, obéissait à la respectable intention de démocratiser davantage l'enseignement secondaire en l'unifiant jusqu'à l'entrée au lycée, c'est-à-dire l'entrée en classe de seconde. Dans les collèges, c'est-à-dire de la sixième à la troisième, plus aucune « filière » ne subsista. Tous les élèves durent bouillir dans le même chaudron, quels que fussent leurs performances et leur travail. La conséquence, non voulue, certes – mais si l'histoire des hommes ne devait retenir que les conséquences voulues, elle tiendrait en une mince plaquette – fut un nouvel effondrement du niveau des études. Étant donné qu'en amont de la sixième l'enseignement primaire n'est plus ce qu'il était, on ne s'étonne et on ne s'émeut guère désormais de ce que la grande question de notre système éducatif soit de savoir combien d'élèves des collèges sont capables de lire [1]. Et encore, les rapports les plus officiels précisent-ils qu'au demeurant ceux qui savent lire ne savent pas nécessairement pour autant écrire. A quoi s'ajoute une telle dégradation de la discipline qu'elle va, dans certains collèges, jusqu'à rendre aléatoire la sécurité physique des professeurs. Le rapport Schwartz, élaboré sous la

1. Voir *le Point*, n° 541.

conduite du célèbre mathématicien, est édifiant sur tous ces thèmes [2]. Nul n'ignore, et moins que toutes autres les personnalités socialistes qui lui confient leurs enfants, que l'enseignement privé doit sa vogue des années récentes à la baisse de fiabilité d'une partie des collèges publics, et non point à quelque impensable regain du cléricalisme conquérant. Gardons-nous de blâmer seul l'ancien ministre René Haby des difficultés de l'enseignement public : la démocratisation, la montée des effectifs, le souci d'égaliser les chances ont imposé à tous les responsables, depuis vingt-cinq ans, l'obligation d'innover dans la hâte, d'explorer à tâtons, de prendre plus de risques que de précautions.

Le but des réformes de l'enseignement, de son adaptation continue et nécessaire à l'évolution du savoir et aux exigences sociales, doit être de le rendre accessible à tous sans en sacrifier pour autant la qualité. La IIIᵉ République a soutenu assez bien cette gageure pour l'enseignement primaire. La deuxième moitié du XXᵉ siècle proposait le même pari pour le secondaire : l'équation de la quantité des élèves et de la qualité de la formation. Sans volonté de dénigrement, il serait vain de nier que le niveau n'a pas résisté à la pression. La démocratisation de surface reflétée par la crue des effectifs a donc engendré, après la chute

2. La Documentation française, 1981.

de la qualité, un élitisme clandestin, des filières occultes, une sélection inavouée, qui vont à l'encontre des buts affichés. Quelle indulgence éprouver pour un système de scolarité, obligatoire jusqu'à seize ans, qui conjugue l'affaissement des connaissances générales chez les élèves avec l'impuissance à leur donner une formation professionnelle, puisque la moitié d'entre eux quittent le collège sans en avoir reçu aucune?

On s'attendrait donc à ce que tout nouveau projet de réforme de l'enseignement se donnât pour objectif d'en rétablir la qualité. Ce serait le seul moyen de tenir la promesse démocratique. Après avoir gagné la bataille du droit de tous à l'accès au secondaire, il faut faire en sorte que cet accès ne soit pas une duperie, le cadeau dérisoire d'un secondaire dévalué, d'une garderie pour illettrés. On pouvait espérer que la gauche aurait à cœur, par vocation, de rétablir l'équilibre entre la bonne tenue, l'efficacité de l'enseignement et l'élargissement démocratique de la population scolaire.

Le premier projet de réforme élaboré depuis l'arrivée de la gauche au pouvoir, le déjà fameux rapport Legrand, prend, hélas! la direction exactement opposée. L'idée directrice en est d'une superbe simplicité : le meilleur moyen d'empêcher quelqu'un de boiter, c'est de l'amputer des deux jambes. En d'autres termes, l'égalité absolue des résultats de tous les élèves ne peut pas être atteinte par des moyens purement pédagogiques, dans le cadre de l'école seule, tant qu'il y aura des classes sociales, des privilégiés et des défavorisés. Dès lors, nous devons, en attendant la réalisation de la société sans classes, régler l'enseignement tout entier en fonction des besoins des plus défavorisés, des inadaptés, de ceux dont le milieu est peu propice à l'épanouissement intellectuel. M. Legrand et ses collaborateurs (il s'agit d'un travail collectif) partent du postulat que le « bon » élève ne devient tel que pour une seule raison : c'est qu'il appartient à une catégorie sociale privilégiée. Inversement, d'ailleurs, si d'aventure un enfant de pauvre réussissait mieux à l'école qu'un gosse de riche, aberration dont l'histoire de nos élites scientifiques, politiques, littéraires et économiques nous offre malgré tout maints malencontreux exemples, cela n'extirperait pas le mal, car ce bon élève inopiné deviendrait à son tour créateur d'injustice. « L'effet de la sélection intellectuelle est nécessairement une ségrégation sociale », décrète le rapport Legrand [3]. Il ne s'agit donc plus seulement d'adopter l'hypothèse, déjà discutable, que les différences de résultats scolaires ont pour seule origine des différences sociales. Il s'agit d'inverser le rapport de cause à effet, d'avancer une affirmation beaucoup plus grave, plus lourde de conséquences : à savoir que la supériorité intellectuelle *par elle-même* est *source* d'inégalités

3. *Rapport Legrand,* p. 80.

sociales. D'où l'on conclut qu'il convient de constituer un système d'enseignement *qui rende impossible la mise en évidence de la supériorité intellectuelle....*

L'objectif de l'enseignement est, lisons-nous, de « lutter contre l'échec scolaire ». Qui n'en conviendrait? Dans la mesure où un professeur fait bien son métier, il communique à ses élèves les connaissances et le savoir-faire qui les prémunissent, en effet, contre l'échec scolaire, du moins le plus possible. Mais dans l'esprit de M. Legrand, ce n'est pas du tout de métier qu'il s'agit. « Les exigences d'un système scolaire démocratique, sont radicalement différentes [4]. » Elles consistent non pas à protéger le système de la « dégradation » (guillemets ironiques de M. Legrand), car « cette école doit accueillir les élèves tels qu'ils sont et s'adapter à leur réalité ». Là encore, sur le principe, rien à redire. L'art d'enseigner a toujours consisté à s'adapter aux particularités et aux difficultés des élèves. Mais dans ce projet de réforme, il s'agit de politique plus que de pédagogie : il s'agit de faire disparaître de la société, en commençant par l'école, la notion même d'échec et les critères de l'échec. On généralisera par exemple le passage automatique dans la classe supérieure, non seulement au collège, d'ailleurs, mais bientôt au lycée, puisqu'on nous prépare aussi, dit-on, pour ce dernier, certaine réforme qui prolon-

4. *Ibid.*, p. 79.

gera le projet Legrand. La démarche est logique. A partir du moment où l'on suppose que la réussite scolaire n'existe point par elle-même, n'est pas due aux mérites de l'élève, mais provient du seul fait qu'il est membre d'une classe sociale privilégiée, son envers, l'échec scolaire, découle d'une injustice sociale, et le seul fait d'en prendre acte équivaut donc à entériner une injustice.

De là vient que le « tuteur », la nouveauté du rapport Legrand qui a le plus frappé, ce professeur que l'élève – pardon! « l'apprenant » – se choisit, pour qu'il le prenne en charge et le conseille, paraisse voué à un rôle surtout affectif. Conception sur laquelle le ministre lui-même ne paraît pas entièrement d'accord, d'après sa conférence de presse du 1er février 1983. Il semble, d'après M. Legrand, que les « tutés [5] » soient invités à ne plus rechercher au collège qu'un lieu de vie, et non plus de culture. C'est, en effet, que « une société libérale hiérarchisée de haut niveau technologique ne peut que sécréter une école sélective. La culture qu'elle impose à tous n'est directement accessible qu'à ceux que l'environnement familial y prépare ». Dans *le Monde* [6], M. Legrand posait en principe que « s'intéresser aux enfants défavorisés pour essayer d'améliorer leur niveau suppose une générosité qui n'est pas de mise

5. *Ibid.*, p. 47. *Sic!*
6. *Le Monde*, 20 janvier 1983.

dans une société de compétition telle que nous la connaissons ». Cette philosophie de base est donc claire : traiter humainement, en fonction de leurs dispositions personnelles, tous les enfants n'est possible que si nous sortons de la société de concurrence. Il y a incompatibilité entre l'équité et la compétition, entre la justice et la possibilité pour certains d'exceller.

Je ne partage pas ce pessimisme, mais surtout, sans vouloir trancher le fond du problème, je ne vois pas comment de tels principes sont compatibles avec les objectifs qu'énonçait le ministre de l'Éducation nationale dans le même quotidien [7] lorsqu'il écrivait : « Il est absolument nécessaire d'assurer l'orientation de l'étudiant à partir de ses capacités réelles et de placer les formations supérieures dans une perspective explicite de professionnalisation... Notre pays ne sortira pas de la crise sans un effort considérable de développement industriel appuyé sur l'innovation technologique... Cela impose une élévation continue du niveau des qualifications. »

Comment « apprenants » et « tutés » pourront-ils émerger d'un enseignement secondaire dépourvu de concurrence, de réussite et d'échec, tel que l'envisage M. Legrand, pour aborder un enseignement supérieur aussi exigeant que celui défini par son ministre?

Tenir les différences de qualification pour des

7. *Ibid.*, 27 janvier 1983.

injustices sociales ne préparerait guère la France à entrer victorieusement dans une concurrence mondiale dont il faut souligner qu'elle est déjà et deviendra demain encore davantage une concurrence intellectuelle. C'est avec de l'intelligence que les pays vont, plus que jamais, fabriquer de l'économie, de la liberté, de la justice et de l'indépendance. Par quel bizarre appétit de régression la France choisirait-elle ce moment pour rejeter toute méritocratie?

Or, la méritocratie, c'est-à-dire l'attribution des responsabilités en fonction des talents et de la réussite, a été l'une des grandes revendications et des grandes conquêtes du combat pour la démocratie. L'enseignement a été une arme essentielle de ce combat. Que l'égalité des chances soit encore bien éloignée d'être complète, c'est une raison de continuer à lutter, non pas de revenir à l'indifférenciation. Le but du projet Legrand n'est pas le savoir, c'est l'égalité. La vocation de l'instruction publique n'est plus selon lui de communiquer des connaissances, elle est d'imposer l'égalité. Nous sommes devant un projet qui n'a rien de pédagogique, devant un projet idéologique où la pédagogie est dominée, pour ne pas dire anéantie, par l'idéologie.

7 février 1983.

GAUCHE : L'ARCHAÏSME

Plus sûrement qu'en annonçant sa candidature à la présidence de la République, en 1980, Michel Rocard s'est sans doute attiré l'inimitié durable de François Mitterrand ce jour de 1978 où il déclara que la gauche française devait se débarrasser d'« un certain archaïsme ». Le terme n'avait rien d'original : il le devint pourtant, parce que les réactions furibondes qu'il provoqua chez les mitterrandistes révélèrent qu'il les avait touchés au point sensible. Réactions bornées, du reste, car c'était moins la personne de Mitterrand qui était en cause que la vision socialiste du monde. Mais n'était-ce pas pire?

L'archaïsme socialiste, avant même de le déceler dans les idées générales, les conceptions économiques, les comportements culturels, on le saisit au vol dans des mesures aussi à contre-courant de notre époque et de son évolution que les restrictions aux changes visant à empêcher en pratique les Français de sortir de France; ou encore dans la guerre contre les magnétoscopes, inaugurée l'automne dernier; sans parler de quelques farces et attrapes mort-nées, comme l'offensive contre les résidences secondaires.

Déjà, refouler à l'aide de tracasseries les magnétoscopes étrangers constituerait en soi un procédé blâmable si nous avions une industrie nationale à protéger dans ce domaine. En l'absence d'une telle industrie, c'est plus que de l'archaïsme, c'est du sous-développement. Seuls les pays sous-développés, en effet, entravent ou taxent l'importation de biens dont l'économie nationale ne fournit aucun équivalent. L'éclopé industriel rétablit sa balance du commerce extérieur en réduisant les importations, faute de pouvoir accroître les exportations. C'est avec cette méthode que Salazar, le dictateur portugais, avait une balance du commerce extérieur éblouissante, à laquelle seule peut se comparer aujourd'hui celle de l'Albanie.

A cet archaïsme commercial les socialistes ajoutent un archaïsme social, qui les pousse à considérer le magnétoscope comme un objet de luxe, réservé aux « privilégiés »; d'où l'instauration d'une taxe sur cet objet. Or, si la redevance de télévision s'explique ou se supporte parce que l'État fournit ou est censé fournir en contrepartie des prestations, l'impôt sur les magnétoscopes, dénué de cette justification, est strictement punitif. C'est presque une amende. On sait comment l'Histoire a fait justice des perspicaces visionnaires qui, voilà trente ans, classaient parmi les biens superflus la télévision elle-même, appelée à devenir rapidement le support par excellence de la communication de masse, ou encore l'électrophone. Les socialistes se montrent aussi aveugles devant l'avenir du magnétoscope, très évidemment, dans le futur immédiat, l'un des outils les plus puissants de la démocratisation cuturelle. En attendant, nos gouvernants, virtuoses notoires de l'effet pervers, transforment *effectivement* ce véhicule de culture en objet pour riches en le frappant d'un impôt dissuasif!

Max Gallo, le porte-parole du « nouveau » gouvernement, s'éloigne tout autant de la modernité quand il argue que restreindre les voyages à l'étranger ne gêne que « les 16 % de la population qui ont les moyens d'en faire », autrement dit, dans la langue de bois socialiste, les « privilégiés ». D'abord, c'est un peu plus : 20 % des Français ont voyagé à l'étranger l'an dernier, soit dix millions et plus de personnes; ce qui est énorme, et ruine l'argument. Croyant avec ce chiffre objecter qu'aller hors de l'Hexagone n'est accessible qu'à une mince élite, Gallo a mis involontairement en lumière que le voyage à l'étranger relève au contraire depuis belle lurette du tourisme de masse. Dix millions, c'est presque la moitié de la population active! A ce jeu des pourcentages, on peut aisément déraisonner. Marseille ne représente somme toute que 2 % de la population française? Rasons-la. Quant à nos deux millions de chômeurs, ils n'atteignent même pas les 4 % de nos cinquante-quatre millions d'habitants. On ne devrait pas faire tant d'histoires pour cette infime minorité. Ne mentionnons même pas les quelque cent quarante mille étudiants en médecine, si braillards en ce moment ; je me demande ce qu'on attend pour faire passer à la trappe des gens qui ne représentent somme toute que 0,2 % de la nation. Occupons-nous plutôt des cinquante-trois millions huit cent soixante mille Français et résidents « défavorisés » qui « n'ont pas les moyens » d'étudier la médecine...

L'argument tiré des mesures analogues prises sous de Gaulle, après Mai 68, ne vaut pas plus cher. D'abord, il est paradoxal de voir les socialistes se proposer pour modèle ce que leurs prédécesseurs ont fait de moins glorieux. A ce compte, nos généraux de 1940 étaient des génies militaires, puisqu'ils avaient suivi les enseignements mis en pratique par Napoléon lui-même à Waterloo. Ensuite, il est frappant de voir les socialistes méconnaître, avec leur passéisme invétéré, qu'en quinze ans la civilisation capitaliste démocratique a engendré, malgré la crise, une véritable révolution des mœurs, dont la banalisation des voyages à l'étranger constitue l'un des résultats les plus spectaculaires ; en particulier pour les jeunes, auxquels les séjours linguistiques à bon marché apportent tant de nouvelles sources d'enrichissement culturel. Enfin, la crise monétaire passagère de 1968 avait eu pour causes les soulèvements de Mai, les deux mois d'interruption quasi totale de la production, les hausses énormes de salaires dues aux accords de Grenelle, autant d'événements que l'on peut juger positifs ou négatifs, mais que l'on peut difficilement attribuer à la volonté du gouvernement d'alors. Au contraire, notre situation actuelle résulte directement, elle, de la volonté du gouvernement d'aujourd'hui, de son programme et de son action. Et s'il s'obstine à ne pas comprendre que la liberté de déplacement à l'étranger est ressentie en 1983 comme une part banale de la liberté individuelle, et qui a pour condition une monnaie forte, alors notre gouvernement apportera une fois de plus la démonstration que les socialistes ont perdu le contact avec la civilisation contemporaine et vivent toujours à l'heure du passé.

Ce ne sont pas seulement les restrictions apportées aux déplacements des personnes, c'est le plan d'austérité même que marque l'archaïsme. Tout comme une singulière odeur de « Travail, Famille, Patrie » se dégageait de l'allocution présidentielle du 23 mars. Notre plan d'austérité, contrairement au plan allemand, réduit principalement les revenus des ménages, et accessoirement les dépenses de l'État. Le plan Lambsdorff, en effet, prévoit une stabilisation des impôts et une contraction importante de la dépense publique. La rigueur imposée aux Français, en revanche, sert à payer la note du déficit fortement inflationniste du train de vie de l'État, à combler les pertes chroniques du secteur public et à rembourser les emprunts extérieurs qui auront été nécessaires pour maintenir le franc à flot jusqu'aux élections municipales. Après avoir appliqué pendant un an un keynésisme simpliste, une prétendue relance par la consommation, dans un contexte qui n'avait rien à voir avec la crise des années trente observée par Keynes, les socialistes se sont lancés successivement dans une politique de blocage autoritaire des prix et des salaires, puis dans la politique actuelle de réduction du pouvoir d'achat par la fiscalité. Ce sont là deux trains de mesures qui superposent deux méthodes également périmées et dénuées de finesse : celle des économies à planification centralisée, fixant autoritairement les prix et les rémunérations; celle de la droite déflationniste, simple et brutale, à la façon de Pierre Laval en 1935.

En outre, cette austérité risque de ne servir à rien du tout, car elle se cassera les dents sur l'archaïsme ultime, auquel tous les autres renvoient et dont tous les autres dépendent : le secteur nationalisé que l'État socialiste s'est mis sur les bras. Il est curieux que l'on continue à parler, aujourd'hui comme en juin 1982, des mesures « d'accompagnement » suivant la dévaluation, comme si nous étions dans une société encore régie avant tout, de façon prédominante, par les lois du capitalisme. Quoique tout ne soit pas nationalisé en France, la masse nationalisée a franchi le seuil critique au-delà duquel le fonctionnement d'une économie est altéré en profondeur. Et cela d'autant plus que l'État s'est assuré le quasi-monopole du crédit. Voilà pourquoi, fût-ce sous les auspices de Jacques Delors, il est erroné d'envisager un retour à la social-démocratie : nous en avons détruit les bases. A moins de dénationaliser une partie du secteur public, nous ne pourrons échapper au dirigisme. Ce n'est pas le remplacement d'un ministre de l'Industrie, jugé trop interventionniste, qui changera la direction dans laquelle nous entraîne inéluctablement le poids des structures. Des marxistes devraient être les premiers à le comprendre. Or, un plan de rigueur ne se justifie que s'il recrée les conditions propices à une reprise de la production. Et comment la production peut-elle repartir quand une économie s'est passé au pied le boulet que nous traînons? Quand l'initiative privée est comprimée et asphyxiée de mille façons? On voit ce qui reste, après deux ans, de la thèse socialiste sur le secteur public défini comme le « moteur » entraînant toute l'économie, et des prédictions faraudes annonçant : « Le nationalisé va tirer le privé. » Il l'a tiré, oui, mais vers l'hospice [1]. Aussi le plan de rigueur peut-il paraître construit sur le vide, ou du moins autour d'une

1. Voir *la France socialiste, premier bilan,* ouvrage collectif, Pluriel-Hachette. Le ministre de l'Industrie remplacé était J.-P. Chevènement.

industrie en léthargie. Pour que des mesures d'accompagnement soient efficaces, il faut qu'il y ait quelque chose à accompagner.

C'est pourquoi de tous les archaïsmes de la majorité l'un des moins pardonnables est sans doute le dogmatisme avec lequel les socialistes ont maintenu les nationalisations à leur programme et les ont réalisées avec une précipitation en quelque sorte obsessionnelle. En écartant à ce sujet – et avec quel dédain! – toutes les objections et toutes les leçons de l'expérience, notamment les exemples britannique et italien, qui démontrent clairement la nocivité de la pléthore du secteur public, les socialistes français ont pris une lourde responsabilité. Qu'ils aient dès lors en tout cas la pudeur d'avouer leur faillite actuelle et qu'ils cessent d'admonester avec tant d'arrogance, pour cause d'incivisme, un pays qui va devoir pendant de longues années expier leurs erreurs [2].

4 avril 1983.

2. Un an après la date de cet article, le gouvernement se mit en devoir, dans la préparation du budget de 1985, de réduire les dépenses publiques et les prélèvements obligatoires. Mais en même temps il créait de nouvelles taxes indirectes, comme celle sur l'essence ou sur le téléphone (juillet 1984).

PITIÉ POUR LA CULTURE

La xénophobie est le stigmate de l'invalide culturel. Le protectionnisme de la pensée est un signe de faiblesse plus pathétique encore que le protectionnisme économique. Le meilleur outil pour se « protéger » contre la mauvaise littérature, c'est la bonne, et non pas le chauvinisme culturel. Le plus sûr moyen de servir sa langue, c'est de la parler correctement ; ce qui est de moins en moins le cas, même dans les milieux cultivés, en France aujourd'hui, sans que le franglais seul explique cette dégradation. La façon la plus sûre de défendre la création, c'est de la pratiquer, non point d'en traiter dans l'abstrait. C'est surtout de la laisser être, et de ne point prétendre l'obliger à paraître. J'espère que nous ne sommes pas encore tombés assez bas pour croire que la création se décide dans un ministère. Si la vitalité d'une culture se mesure au degré d'intervention de l'État, dans ce cas les pays de l'Est sont le paradis de la création, et le règne de Mme Mao fut l'apogée de la civilisation chinoise.

Les faux problèmes surgissent dès le moment où l'on conçoit la vie culturelle comme un calque des rivalités politiques, commerciales ou militaires. On est alors conduit à des notions aussi étrangères et néfastes à la vie de l'esprit que celles de prépondérance, d'hégémonie, d'impérialisme culturels, ou encore de « capitale intellectuelle », de « centre mondial » des arts. Métaphores simplistes, qui peuvent contenir une vérité partielle et momentanée, mais qui, prises au pied de la lettre, deviennent des absurdités. L'imagination créatrice ne sera jamais un sous-chapitre de la cartographie. Les querelles à la fois grandiloquentes et dérisoires qui ont constitué le seul apport un peu distrayant des pompeuses « rencontres » de la Sorbonne sur la création, les 12 et 13 février derniers, posaient sans y répondre les deux questions de l'hégémonie culturelle et du rôle de l'État dans la culture.

Qu'il y ait souvent des pays, des régions, des villes où l'époque voit les centres de la création et du goût, c'est un fait. Mais tenir l'un de ces centres pour exclusif, c'est toujours une erreur. Si grande qu'ait été la domination de ces lieux saints temporaires, une illusion rétrospective nous la fait paraître plus grande encore. Au XVIe siècle, l'éclat de la peinture italienne n'empêcha pas certains des plus grands peintres européens, Bosch, Dürer ou Bruegel, de n'avoir pas été italiens. Et le primat de la peinture n'est pas celui de toute la culture : l'Italie ne voit naître à la fin du XVIe siècle aucun écrivain de stature comparable à celle de Montaigne, de Cervantes ou de Shakespeare. La notion de « capitale intellectuelle et artistique » schématise à l'excès ou déforme par ignorance une réalité fort heureusement plus riche et mieux répartie.

Quand notre capitale portait ou s'octroyait ce titre, durant la première moitié de notre siècle et à la fin du précédent, le méritait-elle totalement? Que je sache, Wagner ou Puccini, Nietzsche, Freud, Heidegger, Keynes ou Chaplin, la musique dodécaphonique, le Bauhaus ne virent pas le jour à Paris. Dans la formation des jeunes historiens, des jeunes philosophes français, le séjour en Allemagne constituait, jusqu'en 1933, presque une obligation. En outre, l'illusion rétrospective pervertit la vision historique d'une autre manière encore : quand nous évoquons la « suprématie littéraire » supposée de Paris à la veille de la guerre de 1914-1918, par exemple, nous citons à l'appui Proust, Apollinaire, Larbaud. Or, pour les contemporains, dans leur grande masse, cette prééminence était due à Sully Prudhomme (prix Nobel de littérature), Edmond Rostand, Loti, Barrès, Anatole France (futur prix Nobel), Curel, Bourget. Sans eux, on n'aurait jamais parlé *à l'époque* de « suprématie ». C'est donc au prix d'une substitution furtive que cette notion sommaire s'est perpétuée dans la bonne conscience nationale. Tirons-en une leçon pour nous-mêmes : une fois tombés en miettes les grands décors de carton-pâte qui bouchent aujourd'hui le devant de la scène, les raisons qui feront briller ou pâlir plus tard notre moment culturel ne sont pas forcément celles que nous croyons actuellement probantes.

Mais, avant tout, c'est dans ce système de pensée grossièrement concurrentiel qu'il faut refuser d'entrer. Les forces créatrices de la culture et les rivalités entre gouvernements se meuvent dans des univers si distants l'un de l'autre, si hétérogènes, que leur mélange donne lieu à des manifestations tout à la fois gênantes et un peu ridicules. Ainsi, entre 1948 et 1962, lors des Biennales de Venise, douze grands prix furent attribués à des artistes de l'école de Paris, contre quatre à des artistes venus d'ailleurs. Mais, lorsque en 1964 le jury couronna Robert Rauschenberg, le plus récent chef de file d'une école de New York dont la vitalité s'affirmait depuis vingt ans, les Français crièrent au scandale, à l'impérialisme, à la collusion du jury avec les marchands, parlèrent de pressions du gouvernement américain sur le gouvernement italien et autres élégances qui ne montrèrent pas certains de nos officiels sous leur plus noble jour. Dans le charivari qui suivit les « rencontres » en Sorbonne de février dernier, on se sentait confus de voir des compatriotes dresser dans la fièvre des listes d'auteurs français « méritants », pour prouver que notre littérature n'était pas morte, comme un don Juan rebuté qui agiterait des attestations écrites de ses prouesses sexuelles. La vraie vie de l'art s'accommode peu de ces palmarès vulgaires, que le temps fait voler en éclats. Comme on ne sait jamais tout ce qui se passe réellement dans une culture à un instant donné, il est aussi nécessaire, d'ailleurs, d'éviter le chauvinisme à rebours que la suffisance béate.

Autant que le mirage de l'hégémonie, l'obsession de l'« impérialisme » culturel, qui en découle, ne résiste pas aux observations historiques les plus simples. La riche Angleterre, la plus grande puissance impérialiste durant la première moitié du XIXe siècle, et l'un des pays les plus mélomanes d'Europe, n'a produit aucun de ces compositeurs de génie qui foisonnaient alors dans une Allemagne et une Italie appauvries, morcelées et faibles. On ne voit pas ce que l'« impérialisme » des tsars fit pour « imposer » l'influence de Dostoïevski et de Tolstoï en Occident, plus tard. La puissance des œuvres pourvoyait à un rayonnement que la bienveillance officielle eût plutôt gêné. Et la gloire mondiale de Soljenitsyne peut difficilement passer pour le fruit de l'impérialisme culturel soviétique. C'est la France de l'entre-deux-guerres, une France en pleine décadence économique, politique et démographique, qui vécut l'un des moments les plus originaux, les plus universellement admirés, de sa littérature, de sa peinture, de son cinéma. On voit mal ce que la volonté de puissance d'un État « impérialiste » aurait pu bricoler pour susciter le surréalisme, Matisse, Céline ou Marcel Carné. La culture parisienne – c'est évident pour la peinture, mais c'est aussi vrai, par exemple, pour le théâtre – était alors, par ses créateurs comme par son public, internationale au plus haut point : non parce qu'elle était conquérante, mais parce qu'elle était attirante.

Est-ce à dire que l'État ne puisse et ne doive en aucune façon jouer un rôle dans la vie culturelle d'un pays? Certes non. Il le peut, et il le doit. Mais à deux conditions : la première est que son rôle ne tende en rien au monopole; la seconde est qu'il ne s'érige ni en directeur de conscience ni en propagandiste.

L'État face à la culture, c'est un certain nombre de ministres, élus ou non, et de fonctionnaires qui distribuent l'argent public en fonction de critères qui ne sauraient traduire en dernière analyse que leur goût d'individus privés, infléchi par les pressions qu'ils subissent. Alors que le mécène privé prend des risques en consacrant ses moyens à la satisfaction d'un goût personnel, alors que les fondations rassemblent et répartissent des dons et des legs également privés, l'État et les municipalités utilisent l'argent de l'impôt. En cas d'erreur ou de légèreté dans cet emploi, c'est l'ensemble des citoyens qui est lésé, non le décideur. La culture étatique, c'est le pouvoir sans les responsabilités. Il serait donc déplorable que les concours qu'une société apporte à l'art fussent réduits aux seules subventions officielles. L'État n'est pas toute la société. Mesurer la vigueur d'une culture à l'étalon unique des largesses de l'État, c'est avouer que cette culture est moribonde.

En outre, ce monopole conférerait à l'État une fonction périlleusement dirigiste, et, bien entendu, illusoirement culturelle. C'est sur ce point sans doute que l'action de la majorité socialiste diffère le plus profondément des politiques précédentes. La IVe République sut rendre le théâtre aux provinces, développer les festivals, les troupes régionales et, à Paris, le Théâtre national populaire. Elle a régénéré les musées de France, attiré un immense public vers les arts plastiques en suscitant une suite éblouissante de grandes expositions temporaires de haut niveau et de retentissement international. Elle a pris soin d'améliorer le statut des écrivains avec la loi capitale de 1957 sur la propriété littéraire et artistique.

La Ve République a prolongé cet élan, multiplié les maisons de la culture, permis aux musées de province de faire peau neuve, conçu, réalisé et réussi l'expérience révolutionnaire du Centre Pompidou, enfin résolu un problème qui paraissait insoluble, en restituant à l'Opéra de Paris son rang parmi les grandes scènes lyriques du monde. Mais toutes ces initiatives des deux Républiques – que l'on peut juger encore insuffisantes – avaient un élément commun : le pouvoir politique ne se mêlait nullement de façonner le *contenu* de la culture; il ne visait qu'à mettre à la disposition du public, des créateurs et des interprètes, les *instruments* de la culture, les moyens d'y accéder, de la présenter, de la transmettre.

Il en va tout autrement depuis mai 1981. Le projet culturel socialiste assigne à l'État la mission non plus de seconder la culture, mais de la précéder, de trier les créateurs et de montrer au public par où va le chemin. En un mot, la culture se met au service de l'État, plus que l'État au service de la culture. Le nationalisme culturel prend dès lors tout son sens, dans ce contexte dominé par la fonction de propagande. Il contribue à la glorification du pouvoir. L'État est censé devenir la principale source de la culture nationale et, en même temps, garantit au peuple que cette culture est supérieure à toute autre. Allons-nous, comme l'avait non sans ironie pressenti Baudelaire, voir une nation dire à ses gouvernants devenus ses maîtres spirituels : « Je vous aimerai et je vous ferai grands, si vous me persuadez que nous progressons, inévitablement, en dormant; débarrassez-nous des responsabilités, voilez pour nous l'humiliation des comparaisons, et vous pourrez vous appeler les sages des sages!... »

9 mai 1983.

LES LARMES DE CROCODILE [1]

« Mon Dieu, délivrez-moi de mes amis; mes ennemis, je m'en charge! » Le tiers monde pourrait reprendre en chœur cette oraison, se dit-on en refermant le livre de Pascal Bruckner, un jeune chercheur qui a écumé la littérature « anticapitaliste » de ces vingt dernières années. Esquisse d'un sottisier du tiers-mondisme, encore très incomplet, ce travail peut se feuilleter comme une anthologie de l'énormité ignare ou malhonnête.

On s'aperçoit ici, une fois de plus, que le tiers-mondisme constitue avant tout une arme idéologique qui se retourne contre les peuples du tiers monde au bénéfice d'un certain type d'oppresseurs répondant aux normes dites progressistes. Les procureurs tiers-mondistes deviennent en effet brusquement silencieux lorsque la faim, la souffrance, la persécution sévis-

1. A propos du *Sanglot de l'homme blanc*, de Pascal Bruckner, le Seuil.

sent sous une bannière du bon coloris. Aussi Bruckner n'a-t-il qu'à se pencher pour glaner, « dans les vertus affichées des tiers-mondistes les machinations d'une mauvaise foi, les sophismes de l'amour-propre, les alibis de l'égoïsme, les ruses de la tartuferie ». Lorsque le Nigeria expulse manu militari deux millions de travailleurs immigrés ghanéens en une semaine; lorsque le Zimbabwe de Mugabe massacre dans le sud du pays les membres de la tribu minoritaire; lorsque l'Ethiopie réexpédie illico en URSS, pour payer ses fournitures d'armes, l'aide alimentaire internationale qu'elle reçoit de l'Occident (tous faits trop récents pour que Bruckner ait même pu en tenir compte), les glapissements de l'indignation tiers-mondiste se font d'une rareté singulière. Lorsqu'on crève de faim en Tanzanie socialiste ou au Mozambique sous gouvernement communiste, c'est dû à « une série de mauvaises récoltes provoquées par les conditions météorologiques »; lorsqu'on crève de faim au Brésil, c'est dû au capitalisme. C'est également par le capitalisme antérieur, par la « colonisation sexuelle des Yankees » que s'expliquent « les restes d'homosexualité à Cuba », affirme un des auteurs de service du castrisme.

Le postulat économique du tiers-mondiste est, nul ne l'ignore, que la prospérité des pays riches résulte du seul appauvrissement des pays en retard, et réciproquement. Inutile d'accumuler les exemples démontrant la gratuité de ce préjugé : n'étant pas tirée des faits, la passion tiers-mondiste ne saurait être entamée par eux. Mais l'inconvénient pour le tiers monde et pour ses perspectives de développement, c'est que d'un diagnostic faux on ne peut tirer un remède efficace, d'autant moins que le diagnostic faux est plus largement répandu par des médias suiveurs. Ainsi Antenne 2 diffuse, le 25 février 1982, une émission intitulée : « Les pays de la faim nous font vivre ». Foin des gigantesques bonds en avant de la productivité agricole occidentale depuis cinquante ans! On biffe royalement ce fait que les États-Unis assurent plus des deux tiers des exportations mondiales de céréales secondaires, qui servent à nourrir le bétail un peu partout. Le Nord exporte plus de nourriture vers le Sud qu'il n'en importe. Car enfin, si le développement se réduisait au pillage, alors le monde entier serait développé depuis le paléolithique!

Tout se passe comme si le propos, avoué ou sous-jacent, du tiers-mondisme était non pas de sauver le monde pauvre, mais de détruire le monde développé. « Dans l'ennemi, ce n'est pas la réconciliation que l'on vénère, c'est notre propre abolition que l'on cultive », écrit Bruckner, qui cite, entre autres, un Jacques Berque se félicitant, au moment où se déchaîne la boucherie khomeyniste, de « la combativité de l'islam contre nous », et René Dumont clamant que l'Occident perpètre aujourd'hui « le plus grand génocide de l'histoire de l'humanité », ou encore gère, selon Jean Ziegler, « un immense camp d'extermination ». Dès lors, qu'attendre d'aussi grands criminels que nous-mêmes?

Ce n'est pas en vain que *le Sanglot de l'homme blanc* a pour sous-titre : « Tiers monde, culpabilité, haine de soi », tout comme *le Tiers Monde et l'Occident,* de Carlos Rangel, a pour sous-titre : « De la fausse culpabilité aux vraies responsabilités ». Bruckner a raison de se demander « comment la haine de soi est devenue le dogme central de notre culture », et pourquoi une société qui a éliminé l'idée de péché individuel cultive à ce point le sentiment d'une culpabilité collective. Que cette culpabilité soit facile à expliquer, c'est douteux. Qu'elle soit lugubrement stérile, touchant les problèmes du tiers monde, c'est certain. Exorciser les mythes forcenés du tiers-mondisme, obstacles à tout vrai progrès, telle est la condition préalable d'une aide efficace au tiers monde.

30 mai 1983.

LES SOCIALISTES, ARTISTES DE L'OPPOSITION

Les socialistes, et Mitterrand tout le premier, étaient devenus jadis de si exceptionnels artistes de l'opposition qu'ils le sont demeurés. En prenant le pouvoir, ils n'ont pas su se transformer en gouvernants. Tirant à balles réelles, commandant à de vraies choses, accomplissant des actes qui entraînent d'effectives conséquences, ils ont continué de se conduire comme si leurs propos n'avaient pas d'effets pratiques. Ils n'ont pas compris, semble-t-il, qu'il s'agissait désormais, non plus de belles oraisons, mais de graves décisions, dont ils sont tout étonnés de ne pouvoir corriger les suites néfastes grâce à de nouvelles phrases. Hélas! le pouvoir n'est pas le « Club de la presse », où il suffit d'une pincée d'habileté verbale assaisonnée d'un soupçon d'hypocrisie pour retirer une parole maladroite sans avoir l'air de le faire. Toute parole peut en abolir une autre. Mais une belle phrase jamais n'abolira un mauvais acte.

Il y a deux volets dans l'art de l'opposant : démolir l'adversaire et se préparer à gouverner.

Les socialistes ont su exceller dans le premier volet, au point de ne pas se soucier assez concrètement du second. Volontiers, ils admettent que leur interminable quarantaine loin des affaires les avait quelque peu rouillés. Pourtant, la raison fondamentale de leurs impairs n'est pas là. Elle réside en ce qu'ils ont mis à profit leur long stage sur la touche pour étudier, non les vrais dossiers de notre époque, mais la présentation de ces dossiers la plus apte à occulter les succès et à enfler les échecs de l'ancienne majorité. Ce qui est le rôle nécessaire, mais non la condition suffisante d'une bonne opposition. Au cours des innombrables polémiques qui ont jalonné l'ascension de la gauche depuis le congrès d'Épinay de 1971 et le Programme commun de 1972, jamais il n'a été possible à un objecteur (et j'en parle d'expérience) de situer la discussion avec les socialistes sur le terrain de l'éventuelle efficacité des remèdes par eux proposés. Les « solutions » socialistes ne résolvaient qu'un seul problème : jeter le jour le plus défavorable sur les gouvernements d'alors, sans aucun souci de savoir par quels moyens réels surmonter mieux qu'eux plus tard les difficultés que ces gouvernements affrontaient. Le Projet socialiste fut programme de gouvernement comme était galerie de peinture la collection de Balzac, lequel placardait volontiers sur les murs de sa maison divers cartons où il inscrivait : « Ici, un Titien » et, plus loin : « Là, un Raphaël. »

S'opposer constitue un art, comme gouverner, mais plus varié, plus souple, moins discipliné, car l'opposition ne doit influer que sur les esprits, tandis que le gouvernant doit agir à la fois sur les esprits et sur les choses. L'opposant est donc plus libre de ses mouvements, qu'il exécute en salle et non sur le ring, et surtout de ses propos. Son éloquence, du lyrisme à la diatribe, de la logique à la mystique, joue sur une infinité de claviers, loin de la contrainte des faits et tout entière vouée à séduire et à persuader. Quand le gouvernant parle, lui, c'est pour se justifier. Promet-il? Quelques semaines suffiront à la société pour apprécier la portée de ses serments. Son art est confiné dans un seul genre : le réalisme. Et quand il n'est pas réaliste, ses auditeurs le sont à sa place, et à son détriment.

A l'opposant il est loisible d'isoler, pour les crucifier, chaque échec ou erreur ou insuffisance du pouvoir, de leur donner pour pendant sa solution idéale, parfaite, d'autant plus parfaite qu'elle est inappliquée. Il n'a pas non plus à souder les pièces détachées de ces « solutions idéales » dans un ensemble cohérent, capable de fonctionner. A l'opposant il est également loisible de tenir des langages différents selon les auditoires, les clientèles, les tendances, les régions, les confidents, et de les concilier ensuite, mais, de nouveau, dans et par le langage seul.

Au contraire, l'action élimine toujours tous les

possibles sauf un ; elle est, comme dit Bergson, « une hécatombe de possibles ». A l'opposant il est loisible, enfin, d'attendre que les tendances se décantent au sein de son propre parti pour choisir la plus forte le jour où elle surnage d'elle-même. Mais dans l'action on ne peut presque jamais attendre : ce sont les autres qui attendent ce que vous allez faire. Dans l'apesanteur du monde de l'opposition il n'est jamais urgent d'opter.

De même, conservant les réflexes de l'opposant, c'est-à-dire du non-responsable, les socialistes biffent complètement de leur esprit l'idée que les mauvais résultats de la politique suivie depuis deux ans découlent de leurs propres actes : ils attaquent la présente opposition ou l'Amérique comme si c'étaient elles qui avaient gouverné la France. Ils imposent au peuple des privations en faisant appel à son patriotisme, sans se sentir gênés une seconde par le fait qu'ils sont eux-mêmes responsables de la situation qui rend ces privations nécessaires. Que le vrai remède soit de changer de politique, de changer le changement, ne les effleure pas. Certes, ils entassent les palliatifs allant en sens contraire de leurs prétentions initiales, mais ils n'altèrent pas les fondements des erreurs qui sont la cause essentielle du mal. Contre les mécomptes dont ils sont la source, contre leurs propres actes et la conséquence de ces actes, les socialistes lancent des réquisitoires tracés dans la plus pure encre oppositionnelle.

Si la majorité accumule les échecs, c'est, lisons-nous souvent sous les plumes majoritaires, que « la droite » s'ingénie à les susciter et, même, « refuse l'alternance ». Ces expressions elles aussi révèlent que les socialistes se pensent encore dans l'opposition contre une droite qui se trouverait toujours au pouvoir, semblables à ces soldats japonais qui, vingt ans après la fin de la guerre, continuaient à guetter l'ennemi du fond de quelque impénétrable végétation insulaire, dans le Pacifique. L'alternance en France, il y a deux grosses années qu'elle s'est passée sans encombre. Ce que les socialistes tiennent pour indice d'esprit factieux, par conséquent, c'est que l'opposition ne les aide pas à effacer les conséquences de leurs fautes et à les cacher, qu'elle aille jusqu'à les blâmer.

Les trois dévaluations, le désastre des sociétés nationalisées, les divers déficits, l'élargissement du secteur improductif, l'endettement extérieur poussé à des altitudes sud-américaines, la baisse du pouvoir d'achat, la surfiscalité, la montée du chômage, autant d'ombres qui sont, aux yeux des socialistes, non pas les résultats d'une action voulue et poursuivie malgré toutes les mises en garde, mais le contrecoup de calomnies répandues par la malveillance de « la droite ». En somme, pour le pouvoir actuel, les Français ne sont pas mécontents parce que les choses vont mal, les choses vont mal parce que les Français se permettent d'être mécontents.

D'où l'obsession et l'illusion des socialistes

qu'il suffirait de « bien expliquer » la politique du gouvernement pour que celle-ci devînt bonne et ne produisît que de beaux fruits. Faute que chaque ministre pour sa paroisse ait réussi cette transmutation miraculeuse, le chef de l'État a donc nommé un ministre spécial, affecté à la tâche de la parole salvatrice. Ce nouveau ministre, le premier ministre de la propagande dont la France se soit dotée depuis la « drôle de guerre » de 1939-1940, doit son poste à la foi dans les mots. Derechef, l'on est censé se trouver dans un univers immatériel où l'on navigue d'un discours à un autre, comme si les Français n'avaient aucune perception directe des réalités auxquelles ces discours renvoient, et donc aucune possibilité de vérifier l'exactitude des propos qu'on leur tient.

C'était le cas jadis, dans le paradis intra-utérin de l'opposition. Je me rappelle que François Mitterrand, lorsqu'il était le chef de cette opposition, avait sur les nationalisations un soliloque parfaitement rodé. Il invoquait le Front populaire, la Libération, Léon Blum, le général de Gaulle, et ne répondait jamais à l'objection suivante : « Dans une économie mondiale profondément transformée par rapport à ces époques, dans une France depuis longtemps devenue partie intégrante d'un marché international concurrentiel, la dose massive de nationalisations soudaines que vous prévoyez ne va-t-elle pas désarçonner notre industrie, faire baisser la productivité, la rentabilité et la compétitivité des futurs entreprises nationales? »

Alors, quelques propos paternellement rassurants et ironiques avaient raison de ces intempestives et réactionnaires inquiétudes. Les mots avaient repoussé l'attaque des mots. Mais aujourd'hui, les faits sont apparus sur la ligne de front et ils l'ont percée. Pourtant, le chef de l'État semble encore croire que, grâce à la dextérité d'un porte-parole du gouvernement, ces faits peuvent être retirés de l'existence, comme on retranche d'un discours, avant de le donner à imprimer, un terme mal choisi, une phrase mal venue. Hélas! l'action, elle, ne connaît que des éditions définitives. Ou, au mieux, très coûteuses à faire pilonner.

Si du moins, dans ce monde construit par la parole, les parleurs se mettaient d'accord entre eux! Mais ce n'est pas le cas. Quand des personnages clés du pouvoir expriment des vues politiques opposées à celles de tel ou tel ministre important, voire du président de la République, il est dérisoire d'excuser cette cacophonie en vantant la merveilleuse effervescence créatrice d'un parti congénitalement voué au débat pluraliste. De telles justifications, répétons-le, étaient de mise quand le parti était dans l'opposition. Depuis qu'il gouverne, elles sont de mauvais goût.

J'ai lu souvent, lors de la grande crise d'indécision qui suivit les élections municipales, que « François Mitterrand n'aimait pas à se décider sous la pression des événements ». Désolé, mais, d'après ce que chaque écolier peut constater dans ses manuels d'histoire, si l'on n'aime pas à se décider sous la pression des événements, et vite, alors il vaut mieux ne pas gouverner. C'est comme si l'on disait qu'un général en chef a horreur de prendre des décisions en temps de guerre. Nous avons besoin d'hommes d'action, justement parce que l'homme d'action est celui qui est capable de prendre avec rapidité une décision qu'il sait irréversible, sous la pression d'événements qui plongent tous les autres hommes dans la perplexité.

Sans doute la Constitution de la Ve République est-elle ainsi faite qu'elle creuse par trop le fossé entre les opposants et les gouvernants. Elle sépare à l'excès leurs rôles respectifs, qui, dès lors, cessent d'être complémentaires. Les anciens opposants ne savent pas gouverner, et les anciens gouvernants ne savent plus s'opposer.

6 juin 1983.

PACIFISME : LA GRANDE ILLUSION

Le pacifisme actuel vise, en théorie, toutes les puissances nucléaires. Mais, en pratique, il n'a commencé à se manifester qu'à partir du moment où ce sont des Occidentaux, membres de l'Otan, qui ont décidé, en décembre 1979, de prévoir pour 1983 l'installation de fusées de portée moyenne. Car c'est dès 1977 que l'Union soviétique, et elle seule, avait commencé à installer sur son territoire de telles fusées, les SS 20.

En octobre 1977, le chancelier Helmut Schmidt alerte les Européens et signale cette menace nouvelle : une frappe nucléaire précise et simultanée devenait possible contre tous les centres militaires vitaux de l'Otan. Pendant les deux années qui s'écoulent entre la révélation de l'existence des SS 20 et la décision des Européens de s'en protéger, le pacifisme dort du sommeil du juste. Puis voilà que soudain l'en tire cette décision occidentale de rétablir l'équilibre. Entre l'annonce du projet occidental, en décembre 1979, et la date fixée pour commencer l'installation effective des nouvelles armes à l'Ouest, soit décembre 1983, quatre années auraient pu permettre aux pacifistes d'exiger des Soviétiques l'arrêt du déploiement des SS 20, arrêt qui eût aussitôt entraîné la révision de la décision de l'Otan. Ils n'en firent rien. Aujourd'hui encore, les pacifistes n'élèvent la voix, pour l'essentiel, que contre les intentions européennes, peu ou pas contre les actions soviétiques; d'octobre 1977 à juin 1983, les SS 20 sont passées de 60 à quelque 360, soit 1 080 têtes nucléaires.

Certes, évitons de confondre les divers courants pacifistes. En simplifiant, on en trouve au moins trois. Le premier, qui prédomine en France, en Italie et en Grèce, perpétue la vieille tradition du Mouvement de la paix, c'est-à-dire antiaméricain et prosoviétique, des partis communistes. Selon un stratagème éprouvé, l'initiative apparente de leurs manifestations émane d'un groupe de personnalités non communistes, émules de l'immémorial spectateur qui, du fond de la salle, au cours d'un numéro d'illusionniste, se porte « volontaire » pour se faire hypnotiser sur scène. Un deuxième courant, dont les plus vigoureux champions sont les Verts allemands, réunit des écologistes, des gauchistes, les radicaux italiens, mais aussi, et cela compte encore davantage, un nombre croissant de sociaux-démocrates d'un type très particulier qui, depuis que Willy Brandt en 1976 a pris la présidence de l'Internationale socialiste, veulent imposer aux seules démocraties le devoir de désarmer. Le troisième courant, d'origine religieuse, prend sa source dans les églises protestantes, surtout allemandes, mais aussi dans une partie de l'épiscopat catholique : une lettre pastorale des évêques catholiques américains, condamnant tout recours de leur pays à la défense nucléaire, a fait récemment grand bruit.

Sans nier la variété de ces inspirations multiples, sans assimiler abusivement l'idéaliste sincère, le croyant scrupuleux à l'agent d'influence et au militant partisan, serviteurs de l'intérêt soviétique, nombreux certes dans leurs rangs, on doit malheureusement constater que, par le résultat final de leur action et par les mesures concrètes qu'ils proposent, les trois pacifismes n'en font qu'un au terme de leur parcours. Distincts au départ, leurs trois langages s'unifient à l'arrivée : l'Occident capitaliste, à les entendre, porte seul ou presque la responsabilité des tensions internationales. A lui seul ou presque incombe l'obligation de faire le premier pas.

Au surplus, ce premier pas, lorsqu'il est fait, ne suffit jamais. Reagan propose-t-il, en 1981, l' « option zéro », c'est-à-dire la suppression de tous les missiles de moyenne portée à l'Est comme à l'Ouest? Aussitôt, les Verts allemands pourfendent cette offre comme « irréaliste ». Pourquoi irréaliste? Parce que « les Soviétiques ne sauraient l'accepter ». Jamais il n'est question de ce qui est inacceptable pour les démocraties! En effet, ce que désirent les Soviétiques, c'est le « gel », à savoir la consécration de leur présente supériorité. On ne voit donc guère ce qui sépare la thèse des Verts et celle des Soviétiques, qui nous disent : renoncez d'abord à moderniser votre défense, nous négocierons ensuite. Le commentateur militaire attitré des *Nouvelles de Moscou*, Pourtougalov, ne réclame pas autre chose [1]. Les évêques américains non plus. Après avoir posé en principe que nous, les démocraties, « ne devons pas envisager la guerre nucléaire, même pour répondre à une attaque nucléaire », que « nous devons renoncer à utiliser de telles armes, sans égard aux conséquences », les évêques précisent avec une logique certaine que leurs directives pourraient, bien sûr, nous conduire à tomber sous le contrôle communiste.

Mais, ajoutent-ils, « l'histoire de certains pays aujourd'hui gouvernés par les communistes montre que non seulement certains moyens de résistance y sont disponibles et efficaces, mais encore que la vie humaine ne perd pas toute signification lorsqu'on passe d'un système politique à un autre [2] ».

1. « Le défi sera relevé » (12 juin 1983), *les Nouvelles de Moscou*, dont le sous-titre d'une légèreté aérienne est « Hebdomadaire de l'Union des sociétés soviétiques pour l'amitié et les relations culturelles avec les pays étrangers et de l'Agence de presse Novosti ».

2. Cité par Albert Wohlstetter, dans son étude « Bis-

Ces évêques américains nous conseillent, en somme, de songer à nous adapter plutôt qu'à nous opposer à l'ordre communiste. Soulignons, par souci d'équité, qu'ils nous autorisent à menacer un adversaire agressif de représailles nucléaires, le cas échéant, à condition de ne pas avoir l'intention d'y recourir vraiment. Albert Wohlstetter, président de l'Institut euro-américain de recherche sur la sécurité, raille à bon droit cette absurdité : comment conserver une dissuasion crédible tout en clamant à la face du monde qu'on ne l'utilisera jamais? Si les évêques ont découvert le moyen de terrifier l'ennemi tout en lui faisant savoir qu'on ne lui résistera pas, c'est là une trouvaille inestimable.

Tant de légèreté frise la faute morale. Le gouvernement français a pu en faire vertement le reproche aussi à certains prélats de chez nous membres d'une Commission justice et paix [3]. Dans leur cas, dans le cas des Verts, dans le cas des compagnons de route de la manifestation communiste du 19 juin 1983 à Paris, la question à poser demeure la même : « Voulez-vous nous dire en quoi votre position diffère de celle que l'URSS souhaite vous voir adopter? »

Qu'il soit bien difficile de répondre explique les limites du pacifisme et de son influence. Car

hops, Statesmen and other Strategists », *Commentary*, New York, juin 1983. Tr. fr. dans *Commentaire*, n°s 24 et 25.

3. Voir *le Point* du 20 juin 1983.

la désinformation et l'intimidation ont exagéré sans vergogne l'importance de la vague pacifiste. A en croire le Kremlin, elle aurait atteint une telle ampleur en Occident qu'elle équivaudrait à un « référendum populaire », a dit Andrei Gromyko, amoureux notoire du suffrage universel. La réalité se trouve être bien différente. Que voyons-nous? Que le SPD allemand, pour avoir penché trop fort vers les thèses de Moscou, a subi en mars une radicale défaite électorale, au bénéfice des chrétiens-démocrates, partisans du déploiement des Pershing. Que les travaillistes britanniques, pour avoir inscrit à leur programme le désarmement unilatéral, ont été écrasés aux élections de juin comme jamais depuis l'avant-guerre. Pourtant, les marches de la campagne pour le désarmement nucléaire au Royaume-Uni avaient attiré jusqu'à cinq cent mille personnes. C'est que l'on peut faire grande impression sur les écrans de télévision lorsqu'on rameute deux cent mille, trois cent mille, cinq cent mille manifestants. Mais dans des pays où les électeurs se comptent par dizaines de millions, c'est dans les urnes au bout du compte qu'il faut aller chercher les vrais choix des citoyens. Les Verts allemands ont crié victoire parce qu'ayant franchi pour la première fois la barre des 5 % ils ont eu droit au Bundestag à quelques députés. Bravo! Mais 5 %, ça n'est jamais que 5 %. Et les Verts disposent de moyens trop visiblement au-dessus des leurs pour ne pas éveiller la méfiance. En Norvège et au Danemark, des gouvernements conservateurs ayant battu des socialistes ont approuvé la décision de l'Otan et accru leurs crédits de défense. En Islande, les partis hostiles au maintien de la base américaine de Keflavik ont été battus aussi; la majorité soutient désormais l'Otan. En Finlande même, un conflit touchant l'augmentation des dépenses militaires a poussé, en janvier 1983, les communistes à quitter le gouvernement, si bien que la France reste aujourd'hui le seul pays démocratique qui ait des ministres communistes.

Et si le PCF s'entend toujours à organiser de grands rassemblements, ce savoir-faire forain n'efface pas un recul qui a ôté au parti, en dix ans, près de 40 % de son électorat. Il est probable que ces embrasements prosoviétiques déguisés en amour de la paix ne sont pas du goût de nombreux Français, puisqu'un sondage Sofres, en décembre 1982, révélait qu'à la question « Diriez-vous que l'Union soviétique est sincèrement attachée à la paix? », 20 % répondaient oui et 50 % non. Et en mai 1983, un sondage Harris montre que selon 15 % des Français seulement les Soviétiques ont surarmé « par peur d'une agression des pays occidentaux » et selon 58 % « pour faire peur à l'Occident, utiliser politiquement cet avantage et élargir leur zone d'influence dans le monde ». Ainsi la campagne pacifiste est fort loin d'avoir triomphé.

Mais comme la démocratie sait faire son profit même des combats déloyaux qu'on lui livre, la vague pacifiste aura eu l'avantage de mettre en lumière une exigence cardinale : à savoir que le consensus social devient une composante essentielle de la défense. C'est là l'une des idées que dégage avec force et clarté Pierre Lellouche dans son introduction à *Pacifisme et dissuasion,* ouvrage qui vient de paraître sous les auspices de l'Institut français des relations internationales (Ifri) et dont Lellouche a dirigé l'élaboration. Mais qui dit consensus social dit information de la société. A cet égard, la stratégie jusqu'à présent demeure, il est vrai, par trop, et sans raison valable, un domaine ésotérique. Dans un sondage Harris publié par *la Vie* [4], 79 % des Français s'avouent mal ou très mal informés du problème des missiles, et ce chiffre monte à 85 %, autant dire tout le monde, dans la tranche d'âge 18-34 ans, la plus concernée! Que de « manifestations de masse » ont dû jaillir de cette ignorance! S'il est vrai que « science sans conscience n'est que ruine de l'âme », conscience sans science n'est que ruine des nations.

4 juillet 1983.

4. 16 juin 1983.

VIOLENCE ET RACISME

La peur inspirée par l'insécurité se mêle souvent, dans les émotions collectives, à l'animosité xénophobe, ou même raciste, que suscite par endroits, en milieu urbain, une forte concentration d'immigrés. Ces deux sentiments se compénètrent au point que le ministre de l'Intérieur, Gaston Defferre, faisant campagne en vue de conserver la mairie de Marseille, en mars 1983, se targuait sans détour d'être tout à la fois « le mieux placé dans cette ville pour refouler les immigrés *et lutter contre les délinquants* [1] ». Déjà prises séparément, l'immigration et la sécurité opposent à tout regard serein une épaisse fumée idéologique et politique. Que dire du rapprochement explosif de ces deux problèmes? Il confère en général aux préjugés et aux passions antagonistes une intensité fatale à l'observation impartiale des faits.

1. *Le Monde*, 12 mars 1983.

Pour les « répressifs », il existe de nos jours une montée généralisée de la violence et elle provient d'un « laxisme » dans la sanction. Quant aux immigrés accueillis ou tolérés en trop grand nombre, ils ajouteraient à la criminalité, sans que nous osions sévir, par crainte de nous faire accuser de racisme. Selon les « préventifs », au contraire, la droite a forgé un mythe, celui d'un accroissement de la violence, pour exploiter les terreurs irrationnelles et restreindre les libertés. C'est ce que les infatigables théoriciens du Ceres (aile extrémiste du PS)ont baptisé l' « idéologie sécuritaire », d'où nous vient selon eux la plus grande partie du mal. La seule cure efficace consisterait dans la prévention du crime par la correction des inégalités et dans la suppression de cette violence fondamentale qu'exerce sur les hommes le capitalisme. Certains vont même jusqu'à définir le vol comme un « emprunt sur le capital [2] ». La criminalité s'apparenterait donc à la violence révolutionnaire et au terrorisme politique. Et, dès lors, on doit s'attendre que les immigrés, deux fois exploités, exclus, aliénés, puissent, il est vrai, fournir à la délinquance un contingent supérieur à celui des autres victimes de l'injustice. En un mot, la théorie « préventive » postule que c'est la répression qui crée la délinquance, et la théorie opposée que la délinquance provient de l'insuffisance de la répression. La réalité, quant à elle, est comme toujours

2. Cité dans *le Monde*, 9 août 1982.

ambiguë et ne confirme ni n'infirme entièrement aucune des deux croyances.

Ainsi, l'on peut prouver simultanément que la violence diminue et qu'elle augmente. Les homicides étaient deux fois et demie plus nombreux dans la France du XIXe siècle, malgré la guillotine et le bagne, que dans celle d'aujourd'hui [3]. En revanche, pour d'autres crimes et délits, vols avec violence sur les personnes, cambriolages, agressions dans la rue et dans les transports publics, hold-up, effractions, il est puéril de nier la crue énorme des années récentes. En 1972, on compta en France 1 675 000 crimes et délits; en 1981, 2 820 020 : une ascension de 72,48 % sur dix ans, de 8,05 % en moyenne par an. Certains crimes, comme les incendies volontaires, augmentent de 45 % par an [4]. La BBC, dans son journal du 16 juillet, rapportait qu'il s'était commis en Grande-Bretagne, du 11 au 15, un cambriolage toutes les quatre-vingt-dix secondes, pendant la vague de chaleur qui avait poussé les Britanniques à dormir toutes fenêtres ouvertes.

Il faut aux idéologues leur solide mépris du peuple laborieux pour prêter un fantasme « sécuritaire » à des petits commerçants ruinés par plusieurs dizaines de cambriolages et que plus aucune compagnie n'accepte d'assurer. Aussi

3. J.-C. Chesnais, *Histoire de la violence*, Pluriel, 1981.

4. Xavier Raufer, *Sur la violence sociale*, Pauvert-Alésia, 1983.

découvre-t-on sans surprise que la violence et l'insécurité figurent au second rang (54 %) des « préoccupations principales » des Français, juste après le chômage (59 %), selon un sondage Sofres de novembre 1982. Il est grand temps de passer de l'anathème à l'analyse.

Mais l'analyse révèle une réalité complexe, voire contradictoire et, par conséquent, les remèdes efficaces dans un cas seront nuisibles dans d'autres. Par exemple, il vient d'emblée à l'esprit d'attribuer l'aggravation du mal à la crise économique, et donc de juger bien vaine la répression pure. Hélas! A l'encontre de la belle simplicité de cette explication, les chiffres nous enseignent que la violence augmentait surtout avant ou au début de la crise, pendant les années où le pouvoir d'achat progressait encore et où le chômage restait minime. Aux États-Unis, la grande vague d'insécurité déferle pendant les années soixante, période d'ascension du bien-être et de réduction des inégalités. En Italie, c'est pendant les années du « boom » que les voleurs inventent leurs plus astucieuses méthodes, tel le vol des sacs « à l'arraché » par virtuoses sur deux-roues. La raison de cette accélération soudaine de la rapine paraît simple : plus une société s'enrichit, plus on y trouve d'argent et de biens à voler, et à voler facilement. On sait que le nombre des hold-up a grandi avec celui des succursales de banques. L'abondance stimule la délinquance parce qu'elle en accroît le rendement. Je plains le voleur à la tire qui devait opérer dans un tramway romain en 1950 : ses chances de trouver au fond des poches fût-ce dix lires par voiture étaient minces. Vingt ans plus tard, nous le retrouvons opérant à l'échelle industrielle, non parce qu'il est plus pauvre – tout au contraire! – mais parce que ses victimes sont plus riches. La vision misérabiliste du crime n'est juste qu'en partie. Le délit n'est pas seulement l'ultime recours du désespoir. La violence, écrit Maurice Cusson, « est une activité plus profitable et plus gratifiante qu'on ne le croit habituellement ». Elle est souvent « la solution la plus accessible qui s'offre pour s'amuser, avoir de l'argent et du prestige [5] ».

D'où, d'ailleurs, pour une certaine délinquance, l'efficacité de la répression. Car voici un nouveau paradoxe : la sanction se montre plus dissuasive contre la petite et moyenne délinquance que contre la grande criminalité. Cusson, un criminologue canadien, l'établit statistiques à l'appui. Ni la sévérité ni la répétition des peines ne dissuadent de récidiver le truand professionnel, le criminel de métier. En revanche, l'accentuation de la sévérité se révèle très dissuasive à l'égard de la foule immense des hésitants qui, sans a priori, s'adonnent en amateurs aussi bien à l'honnêteté que, le cas échéant, à la délinquance. L'évaluation du ris-

5. Maurice Cusson, *le Contrôle social du crime*, PUF, 1983.

que devient alors un calcul économique et joue un rôle dans la décision de passer à l'acte. Calcul rationnel, plein de bon sens, au demeurant : Raufer rappelle qu'en France le taux d'affaires non résolues, de coupables non arrêtés, dépasse 85 %! Tu parles d'une « société répressive »! Aux États-Unis, selon Cusson, le taux réel d'élucidation des crimes et délits plafonne à 10 %, et à seulement 7 % pour les cambriolages. C'est pourquoi la réduction même légère de ces superbes chances d'impunité, par une répression un peu plus sévère, rétrécit d'ordinaire fort bien le vaste tissu élastique de la délinquance potentielle.

Bien différente est la violence sécrétée par la crise économique et le chômage, par les conditions de vie des immigrés et par les réactions racistes à leur nombre et à leur concentration. Mais, devant ces problèmes et bien d'autres, notre erreur fréquente est de considérer comme exceptionnels, presque pathologiques, des phénomènes historiques constants, ce qui nous empêche de tirer parti des expériences passées pour prévoir et prévenir. A cet égard, l'on peut faire deux constatations.

La première est que l'émigration a été de tout temps le principal moyen d'échapper à la pauvreté ou à l'intolérance, ou aux deux. Y voir une aberration récente, un nouveau forfait de l'Occident, est absurde. Avant de provenir de l'étranger, les migrations se sont produites à l'intérieur de notre pays, au XIXe siècle, amenant dans la région parisienne une main-d'œuvre venue de la Creuse, de l'Aveyron, de la Corrèze ou des Ardennes. Des quartiers d'immigrés se sont alors formés dans la capitale, parlant souvent des dialectes autres que le français, chaudrons de tension et d'insécurité. Louis Chevalier a décrit cet afflux et ses conséquences criminogènes dans son classique *Classes laborieuses et classes dangereuses à Paris pendant la première moitié du* XIXe *siècle* [6]. Aujourd'hui encore, en Italie et en Espagne, l'émigration est intérieure, du Sud vers le Nord. Il est inutile de se leurrer : tant qu'il y aura des régions du monde se développant plus rapidement que d'autres, ce mouvement sera irrésistible. On pourra le limiter temporairement, on ne pourra jamais l'arrêter, sauf si nous tombons nous-mêmes dans une récession si profonde que travailler chez nous cessera d'être rémunérateur. Faute d'étudier l'immigration comme une donnée permanente, nous sommes allés, comme les Britanniques d'ailleurs, d'improvisations en autoflagellations ou en réquisitoires, au lieu de réfléchir à des solutions de fond.

La seconde constatation, c'est que l'antiracisme, le refus de la xénophobie sont des comportements acquis, des fruits de la civilisation et de l'éducation. C'est le racisme et la xénophobie qui sont et ont toujours été les comportements spontanés, je dirai même populaires. C'est sur

6. 1958, réédition Pluriel, 1978.

ce racisme primitif qu'a cru pouvoir jouer le Parti communiste, quand, la nuit de Noël 1980, il a envoyé des militants détruire un foyer de travailleurs immigrés à Vitry-sur-Seine. Les réactions à ce haut fait et, en outre, plusieurs sondages ont heureusement montré que le niveau d'éducation antiraciste des Français est plus élevé qu'on ne le supposerait d'après les crimes de la prétendue autodéfense. Mais, là encore, qu'il est facile de mépriser l'imbécillité criminelle d'autrui, quand on ne vit pas soi-même la cohabitation des ethnies dans les banlieues pauvres! Qu'il cst hypocrite à la fois de blâmer les autorités qui tentent de limiter l'immigration clandestine et de s'indigner parce que les clandestins sont mal logés! Sur ce point aussi, la gauche a mené des politiques contradictoires depuis deux ans, changeant brutalement de direction chaque fois que l'idéologie entrait en collision avec la réalité.

Il faut savoir, donc, que l'immigration, à l'arrivée de nouvelles ethnies, engendre inévitablement des frictions, surtout quand les immigrés, comme dans la région parisienne, dans le Midi méditerranéen, dans la région Rhône-Alpes, atteignent jusqu'à 15 % et même 20 % de la population. Avec le temps, l'assimilation s'opère, encorc que celle des Maghrébins, même de la seconde génération, risque d'être particulièrement difficile, ne fût-ce qu'en raison du fait que la loi coranique interdit en pratique, sauf rarissimes dispenses, les mariages entre musulmans et non-musulmans.

Il faut « traiter les faits sociaux comme des choses », prescrivait, à la fin du siècle dernier, le père de la sociologie française, Émile Durkheim. Objectivité indispensable si nous voulons les comprendre, pour les maîtriser. A l'inverse, ce sont les faits sociaux qui nous submergent quand nous persistons à les traiter comme des hasards, des mythes ou des tabous [7].

8 août 1983.

7. La gauche a payé cher, aux élections européennes du 17 juin 1984, son incapacité de percevoir le besoin de sécurité ou les frictions avec les immigrés comme des phénomènes émanant de données sans doute désagréables, mais objectives. Sourde aux questions nouvelles posées par la société, les ramenant sottement à une « renaissance du fascisme », elle a déclenché l'ascension de l'extrême droite. De plus, on voit bien à cette occasion d'où provient le rejet de l'État : d'un côté, l'État importune le citoyen dans tous les détails de sa vie, de l'autre il se montre incapable de remplir l'une de ses plus importantes fonctions : assurer la sécurité. (Note de 1984).

LE BAL DES CERVEAUX [1]

Cependant qu'avec le concours empressé de l'armée libyenne l'Union soviétique prenait une fois encore au dépourvu les démocraties, la pensée française s'élançait, derrière le porte-parole du gouvernement, à la poursuite des intellectuels de gauche. Lesquels, à la fois chasseur et gibier, se bousculèrent à cette battue improvisée, qui devint, en août, le dernier passe-temps à la mode. Quel bouquet pour ce fameux « été français », dont une campagne

1. Le 26 juillet 1983, le porte-parole du gouvernement, Max Gallo, publia dans *le Monde* un article intitulé « Les intellectuels, la crise et la modernité », où il déplorait le divorce patent, et nouveau en France, entre la gauche et les intellectuels. Gallo reprochait aux intellectuels de gauche leur silence, voire leur froideur face à l'expérience socialiste en cours, contrastant, selon lui, avec l'enthousiasme de leurs aînés, à l'époque du Front populaire ou de la Libération. Un débat s'instaura, qui dura plusieurs semaines, pendant lesquelles s'accumulèrent explications, dénégations, justifications, objections et réponses.

publicitaire télévisée nous avait avec finesse fait pressentir les civiques voluptés [2]!

En proclamant qu'il n'y a plus de création intellectuelle en France parce qu'il n'y a pas assez d'intellectuels qui soutiennent la majorité, le porte-parole confond deux questions : « Comment se fait-il que les intellectuels ne soient plus derrière la gauche ? » et « Pourquoi les intellectuels ne sont-ils pas davantage derrière le gouvernement ? » Il postule l'équivalence entre gouvernement et gauche. Or c'est ce postulat que mettent en doute nombre d'intellectuels, pour plusieurs raisons.

La première est la présence des communistes au pouvoir. Depuis quelques années, la gauche intellectuelle a compris et ose enfin dire que le communisme, c'est le contraire de tout ce que l'on entend depuis le début du XIXe siècle par le mot « gauche ». Juste au moment où cette prise de conscience devient quasi universelle, les socialistes associent les communistes au gouvernement. Des intellectuels ayant voté Mitterrand sont rentrés dans leur coquille dès juin 1981 pour ce seul motif. Et le Premier ministre aggrave la gêne en rétorquant : « Les communistes gouvernent parce que telle est la volonté du suffrage universel. » Intellectuel ou

2. Les Français pouvant fort peu passer leurs vacances hors des frontières en 1983, à cause des restrictions nouvelles aux achats de devises touristiques, les pouvoirs publics entreprirent une (coûteuse) campagne télévisée, destinée à vanter les charmes du pays natal.

non, l'électeur moyen sait au moins compter jusqu'à quatre : il a bien vu qu'au printemps de 1981, puis en mars 1983, le PCF s'est classé bon dernier des quatre principales formations politiques du pays, qu'il a perdu d'un coup près d'un tiers de son électorat, qu'il a donc été non pas souhaité mais rejeté par le suffrage universel. Peut-être le PS doit-il par tactique feindre de croire le contraire : mais espère-t-il sérieusement transmuer cette tactique en appât intellectuel ?

Le porte-parole pourrait se demander, par exemple, si l'attitude socialiste de complicité passive à l'égard des fraudes électorales communistes est réellement de nature à séduire les intellectuels de gauche. C'est pour le PS une huile de ricin politicienne sans doute nécessaire : ce n'est pas en soi un idéal très exaltant pour l'intelligence. Si un thème stimule la réflexion, c'est bien plutôt ce constat qu'associer les communistes à la gestion des affaires décidément ne les libère guère de l'Union soviétique. Les dirigeants du PCF au pouvoir se font plus que jamais les avocats zélés de Moscou en matière de défense ou de politique africaine, contre les choix de la France, contre le président de la République. Et, pour comble, ils poussent la bonté jusqu'à nous faire savoir qu'ils n'en condescendront pas moins à demeurer au gouvernement. La décision dépend-elle donc d'eux seuls ?

En second lieu, indépendamment des servitudes de leur alliance avec le PC, les socialistes, d'eux-mêmes, s'écartent souvent des vertus en principe inhérentes à la tradition de gauche. Pour des intellectuels, la gauche signifie plus de vérité, de sincérité, voire d'humilité, davantage d'honnêteté. Elle veut dire le développement des libertés, je dirai, de la diversité, de la variété de la société. Et, pour cela, il faudrait laisser se multiplier les sources de savoir et de création, détachées le plus possible les unes des autres et du pouvoir. Or nous avons assisté depuis mai 1981 à une extension foudroyante de la sphère de l'État, à une irruption forcenée du politique dans le culturel, dans l'information, dans la recherche, dans l'enseignement.

Aujourd'hui, où sont les Alain? interroge le porte-parole éploré. Surprenante référence! Alain plaidait pour la résistance des citoyens à tous les pouvoirs. En quoi sa philosophie peut-elle cautionner un étatisme galopant, apparemment incapable de trouver le repos tant que subsistera une seule possibilité de décision en dehors de lui? « Notre projet politique est avant tout un projet culturel », ont proclamé dès le début les socialistes, s'attendant dès lors à voir les intellectuels accourir. Mais la pratique a consisté surtout à utiliser la culture comme instrument de relations publiques ou à la présenter comme... moyen de surmonter la crise économique mondiale. En février 1983, les fameuses Assises culturelles internationales de la Sorbonne s'assignèrent pour but de lancer la culture contre la crise mondiale : en fait, elles ne la lancèrent que contre *Dallas*, assaut que, du reste, l'horrifique feuilleton télévisé repoussa victorieusement. Le gouvernement n'en persévère pas moins dans son idée. Son ministre de la Culture déclare à l'Assemblée nationale : « Puis-je avancer une hypothèse? L'échec économique de nos prédécesseurs fut d'abord un échec culturel. » Parole imprudente, et qui risque de se retourner cruellement contre les socialistes.

Ainsi, à l'inverse des professions de foi, c'est bien plutôt le projet culturel qui paraît au service du projet politique. Le critère suprême est politique. Or, comme l'observe Milan Kundera, le poncif « Tout est politique » contient l'embryon d'une tyrannie spirituelle, dans la mesure où il dénie aux diverses provinces de la création et même de la vie leur autonomie propre et originale. Le pouvoir socialiste réclame aux intellectuels leur soutien comme un dû, puisqu'il se croit par nature le plus juste, le plus moral, le plus intelligent des pouvoirs. N'obtient-il que modérément ce soutien? Cela provient, à n'en pas douter, de ce que les intellectuels se montrent inférieurs à leur tâche, pas lui.

Sous ses dehors théoriques et historiques, l'article du porte-parole sur le « silence des intellectuels de gauche » rappelait à l'ordre la classe parce qu'elle n'avait pas encore remis ses devoirs. Maints bons élèves se ruèrent aussitôt vers la chaire en brandissant leur copie, pour ou contre. On n'invite pas en vain les intellectuels à s'exprimer sur eux-mêmes. Mais le débat n'en aura pas pour autant progressé d'un pouce, car le gouvernement ne sera pas plus consolé par les acclamations des uns, à son service déjà pour la plupart, qu'ébranlé par les critiques des autres. En effet, il reste accroché à cette idée fixe que ses échecs sont non pas des échecs, mais des réussites mal expliquées. La fonction de l'intellectuel, pour les socialistes, se ramène à une fonction d'explication, c'est-à-dire d'approbation. Quant à la fonction d'objection, elle se rejette d'elle-même à droite. Et en déportant le contradicteur à droite, les socialistes sous-entendent volontiers ou même entendent explicitement que ce contradicteur recèle un adversaire de la démocratie. La plupart des articles gouvernementaux qui appellent les récalcitrants à la tolérance et au dialogue tournent en quelques lignes au réquisitoire frénétique, accusant les objecteurs de comploter contre la liberté. Voilà pourquoi les intellectuels se taisent : parce que le pouvoir n'éprouve aucune espèce de curiosité pour ce qu'ils ont à dire. Il veut un écho, pas un interlocuteur.

D'ailleurs, se taisent-ils? Je ne trouve pas la pensée française si stérile depuis 1981. Libre aux socialistes d'écarter comme pestiférés les livres dus à des libéraux ou à des impartiaux (ça existe!) qui, depuis deux ans, renouvellent l'analyse du monde actuel, de l'économie, du pouvoir, de la société française, du vrai développement. Mais ils ne devraient pas dédaigner avec la même obstination les recherches neuves et les désaccords motivés d'auteurs qui, par leur passé politique, leur formation idéologique, leurs amitiés, les journaux dans lesquels ils écrivent, incarnent précisément cette grande famille des « intellectuels de gauche » que s'échine à rameuter le porte-parole.

La plus profonde raison du divorce réside en définitive dans l'insensibilité de la gauche politique au mouvement des idées depuis une dizaine d'années. Mouvement international au demeurant, et non pas seulement hexagonal. La gauche unie arrive au pouvoir en France au moment même où, sans parler du discrédit du communisme, déjà mentionné, le marxisme est à bout de souffle; où les socialismes fondés sur la dilatation inconsidérée du secteur public sombrent dans un océan de déficits; où les vieilles et solides social-démocraties s'asphyxient; où vacille le tabou tiers-mondiste, qui soustrayait à toute critique, à toute information même, les potentats prétendument progressistes des pays sous-développés. La gauche française, en 1981, aborda le pouvoir avec un équipement intellectuel tout entier tiré des réserves du passé. La parure culturelle dans laquelle elle se drapa ressemblait fort à un cache-misère. Quelle étrange fantaisie, de vouloir se faire acclamer pour la nouveauté de ses idées, elle qui n'en avait révisé aucune! L'article du porte-parole mentionne en sous-titre : « Les intellectuels, la politique et la " modernité ". » Hélas! mot mal choisi! Pourquoi pointer l'index sur ce qui manque le plus? Par quelle coquetterie vouloir à tout prix vaincre sur le terrain conceptuel? Il y a un temps pour la théorie et un temps pour la pratique. Les Français se soucient moins de l'âge des idées du pilote que de leurs effets. On attend que le gouvernement se distingue non par le brio de sa réflexion mais par l'efficacité de son action. Il pourrait gouverner fort bien – pourquoi pas? – grâce à d'anciennes formules.

Le pouvoir fournit la chance, précisément, de les soumettre à l'épreuve des faits, d'en vérifier la validité. C'est cette vérification, désormais, qui est passionnante pour l'esprit. Quelle occasion magnifique de voir la réalité trancher enfin un débat jusqu'alors tout entier dialectique et oratoire!

Mais ce jugement de la réalité, les socialistes l'ont-ils accepté en acceptant le pouvoir? Fort mal, ou point du tout. Et l'un des leurs, Edmond Maire, a blâmé dernièrement encore leur penchant pour les boucs émissaires. L'article du porte-parole n'est qu'un avatar de cette manie du complot. Au complot de « la droite » dans son ensemble, au travail de sape du patronat, à l'inertie voulue des fonctionnaires, au sabotage des spéculateurs, à la forfaiture de la police, à la mauvaise foi des médias et de la presse, à l'arrogance de l'Allemagne [3], à la trahison des États-Unis, s'ajoute désormais la conspiration du silence des intellectuels.

Que le pouvoir s'en console en se disant que les intellectuels ne sont pas infaillibles et l'ont généreusement montré en ce XXe siècle. Qui l'est, d'ailleurs? La gauche s'est souvent trompée. La gauche a souvent trompé les intellectuels. Les intellectuels se sont souvent trompés par fidélité à la gauche. Ils se livrent aujourd'hui à une révision critique qui n'est pas toujours facile. Que le pouvoir politique fasse de même, et les points de vue se rapprocheront, non par devoir, mais par conviction.

5 septembre 1983.

3. Le mot est de Jacques Delors, ministre des Finances, au moment des négociations de Bruxelles sur le troisième « réajustement » monétaire, en mars 1983.

INFORMATION : L'ÉTAU

L'indépendance de l'information et la liberté d'expression subissent en France aujourd'hui une compression de plus en plus forte, venue de deux côtés. L'une des mâchoires de l'étau est une vieille connaissance : l'État. L'autre, plus neuve chez nous, c'est l'empiétement de la fonction syndicale sur les décisions qui relèvent des rédactions et des éditeurs. Il s'agit naturellement d'un abus de cette fonction syndicale, et non du vrai syndicalisme, hors de cause.

Imaginons une fable : un gouvernement bien intentionné proclame un jour ne plus pouvoir, en son âme et conscience, abandonner la désignation du Parlement et des municipalités aux humeurs éphémères du suffrage universel. L'opinion publique, décidément, est trop conditionnée, désorientée, « aliénée » : puissances d'argent, campagnes publicitaires, séductions racistes, fascistes, totalitaires, démagogiques, marketing politique, hypocrisie des partis, candidats aux ressources financières mystérieuses, que d'obstacles au « service public » parlementaire!...

Ce gouvernement vertueux va donc nommer dorénavant lui-même les députés et les conseillers municipaux. Il les choisira – nouvel avantage – en fonction de leurs capacités, de leur probité, de leur indépendance d'esprit reconnues. Son choix, il en est persuadé, écartera les charlatans, les courtisans, les vénaux, qui se faufilent trop nombreux dans les assemblées. Bien entendu, ne doutant pas et ne permettant pas qu'on doute de son impartialité, ce gouvernement croira de bonne foi respecter l'équilibre des « sensibilités » politiques. Il accumulera sur le papier les garanties et les « Hautes Autorités » censées mettre à l'abri des pressions du pouvoir les pseudo-députés nommés par le pouvoir même.

En dépit de toutes les arguties, il paraît sûr que personne n'appellerait plus démocratie un État qui fabriquerait de la sorte son pouvoir législatif. Et pourtant, cette procédure que chaque démocrate vrai qualifierait de fallacieuse jusqu'à l'absurde, s'agissant de la représentation nationale, nous paraît presque compatible avec la démocratie quand il s'agit de l'information nationale.

La notion d'élection se confond, il est vrai, si profondément avec celle de démocratie que même les dictatures tâchent d'en organiser des contrefaçons. Pas d'élection, pas de démocratie : c'est clair.

Mais, si l'élection ne se sépare pas de la démocratie, n'allons pas croire qu'elle la constitue à elle toute seule. Depuis le XVIIIe siècle, la liberté d'expression a été considérée comme définissant la démocratie au même titre que le vote. Tout au long du XIXe siècle, le combat pour le suffrage universel accompagne le combat pour la liberté de la presse. Ils ne forment, à vrai dire, qu'une seule et même cause. Nul gouvernement n'aurait osé proposer, à l'aube de la IIIe République, que le seul journal autorisé devînt le *Journal officiel,* jurant, pour nous rassurer, qu'il n'y nommerait que des journalistes de talent et de caractère. La proposition eût passé pour un médiocre poisson d'avril. Cependant, plus tard, le principe démocratique d'une séparation nécessaire entre le pouvoir et l'information, indiscuté tant qu'il s'appliquait à la seule presse écrite, ne s'est pas imposé partout avec la même force quand nous fûmes entrés dans l'ère électronique, celle de la presse télévisée et radiodiffusée.

La majorité qui gouverne a hérité notre système d'information des majorités précédentes, et même de la République précédente. Elle ne porte donc pas la responsabilité de l'avoir conçu. Mais elle en a élargi le cercle et aggravé les vices. Cela provient d'abord du simple fait qu'elle a développé le rôle de l'État dans la société; c'est dû ensuite à sa susceptibilité idéologique.

On a souvent décrit les excès de cette susceptibilité. Je n'y reviendrai pas, sinon pour observer que l'abus de présence à l'antenne des représentants ou partisans du pouvoir diminue la crédibilité de la télévision, et ce discrédit rejaillit à son tour sur les ministres ou assimilés qui s'y bousculent. Plus ils se montrent, plus s'affaiblit le prestige de la majorité. Les efforts de certains journalistes de TF1 et d'Antenne 2 pour rétablir des critères purement professionnels ressemblent à la gymnastique du voyageur qui a pris un escalier mécanique à l'envers.

Plus redoutable encore pour l'indépendance de l'information et du débat public est l'extension des moyens d'action de l'État qui découle des nationalisations de 1981. Cette extension lui permet d'influer sur la presse écrite encore plus que les majorités précédentes, par deux voies. La première est la publicité. Propriétaire de presque toutes les très grandes entreprises, de tous les grands services publics, l'État est devenu le premier annonceur de France, d'autant plus qu'il contrôle également la première agence de publicité française, Havas. Le pouvoir politique peut donc, à volonté, sauver un journal en difficulté ou mettre en difficulté un journal sain. Il peut aussi anémier la presse écrite dans son ensemble en allongeant le temps dévolu à la publicité télévisée, ce qu'il a fait, en dépit des engagements pris.

La seconde voie qu'emprunte le pouvoir pour agir sur les journaux s'appelle le crédit. La principale « puissance d'argent », aujourd'hui, ce sont les banques nationalisées. Le pouvoir n'a pas attendu la majorité actuelle, certes, pour contraindre les banques nationalisées à consentir des découverts salvateurs et injustifiables économiquement à des journaux amis, ou brûlant de le devenir. Mais, à partir du moment où n'existent quasiment plus *que* des banques nationalisées, le monopole du crédit permet à l'État non pas seulement de favoriser ses amis, mais encore et surtout d'asphyxier ses ennemis – et l'on sait qu'aux yeux des dirigeants actuels l'idée d'hostilité couvre un champ très vaste. La France n'est pas encore tombée, certes, dans la triste situation du Portugal, où c'est le gouvernement qui nomme directement les directeurs et rédacteurs en chef des journaux. Mais il arrive au gouvernement français de les nommer indirectement, dans la discrétion, ou tout au moins de les « agréer ». Après tout, pourquoi ce qui est bon pour la radio et la télé ne le serait-il pas pour la presse?

La seconde mâchoire de l'étau qui enserre la presse écrite est constituée par le monopole concédé à la CGT, donc au PC, dans le secteur des imprimeries de presse, le « Livre », comme on dit. Dans les périodes paisibles, ce monopole exorbitant ne fait pas trop sentir ses inconvénients. Mais, dans les périodes d'offensive communiste visant à conquérir le plus possible de centres de pouvoir, ce levier-là est actionné avec vigueur.

Ce fut, par exemple, l'an dernier l'assaut donné contre *l'Union* de Reims, où la CGT tenta de s'emparer du pouvoir rédactionnel et de dicter le contenu du journal. Le point de départ dans un tel cas est toujours un conflit du travail présenté comme « classique ». Le but réel est la substitution à la direction de la rédaction de délégués syndicaux imposant une information orientée. Ce fut, ensuite, l'opération organisée autour du *Matin*. La mévente obligeant la direction à licencier une partie du personnel, les journalistes se mirent en grève. Le Livre, oubliant soudain tout souci de préserver l'emploi, se solidarise avec la direction : journal de la gauche unie, *le Matin* doit survivre. La CGT commence par refuser de tirer davantage d'exemplaires du *Quotidien* et de *Libération* pendant la durée de la grève pour empêcher ces titres de profiter de l'absence provisoire de leur concurrent : empiétement illégal sur la liberté de décision commerciale des entreprises. En même temps la CGT pousse à la reprise du travail au *Matin*. Ce soutien à la direction est assorti d'une condition politique : le journal reparaît en effet avec un éditorial garantissant l'« ancrage à gauche », ce qui est en clair un engagement a priori, déterminant par avance le jugement de la rédaction, quels que soient les faits futurs.

Ce fut enfin contre *le Monde* le scandaleux communiqué de la CGT osant demander ouvertement un changement de directeur. Prétexte? *Le Monde* avait renoncé, après étude financière, à lancer un supplément illustré, jugé trop coûteux. Mais la raison véritable de cette inadmissible ingérence ne serait-elle pas que *le Monde* actuel se montre de plus en plus sévère pour l'URSS et le communisme? Le supplément eût certes créé ou conservé des emplois, en un premier temps. Mais il eût, à terme, aggravé les charges et sans doute acculé le journal à de pires difficultés, génératrices de licenciements massifs. En toute hypothèse, il n'appartient pas à la CGT de confisquer en sous-main la gestion d'une entreprise de presse. Elle n'a pas non plus le droit, légalement, de contraindre des éditeurs de journaux, clients d'une imprimerie en faillite, à renflouer cette imprimerie, c'est-à-dire à en devenir contre leur gré les actionnaires. Or, à plusieurs reprises, des grèves ont tendu à mettre le marché en main à des éditeurs dans ce sens. Et ce ne sont là que les faits connus, la partie visible d'une bien plus vaste guerre d'intimidation pseudo-syndicale contre la presse écrite.

Ces méthodes ont été, comme de coutume, depuis longtemps mises au point par les communistes. Le schéma fut appliqué à *Repubblica* en 1975 au Portugal, en 1960 à la *Prensa libre* de La Havane, en 1945 à *Demokratija* de Belgrade et, dès 1918, par Lénine en personne à *Vie nouvelle* de Petrograd. De même, les sandinistes ont récemment appliqué la recette à la *Prensa*.

Au Portugal, en 1975, on vit papillonner un bienveillant voisin, Georges Séguy. D'après lui, à *Repubblica*, se produisait un conflit « classique » autour de la « sécurité de l'emploi », si bien que les ouvriers avaient « nommé un nouveau directeur et publié un exemplaire du journal traduisant leurs sentiments revendicatifs et politiques ». Quoi de plus naturel [1]? Dans son livre *le Mai de la CGT* (1972), Séguy avait d'ailleurs écrit qu'en France aussi le Comité intersyndical du livre avait veillé, en mai 1968, à « la vérification de l'information pour prévenir toute fausse nouvelle, tout manquement à l'objectivité ». Pourquoi réserver cette mission de contrôle au seul Livre, d'ailleurs? La surveillance de la presse incombe à toute la CGT. Le 20 septembre, un commando guidé par le responsable de la CGT des mineurs du bassin des Cévennes a saccagé les bureaux du *Midi Libre* à Alès parce que ce journal avait publié, tenez-vous bien, le compte rendu d'une conférence de presse d'un directeur des Charbonnages de France concernant les pertes d'exploitation du bassin. Nous voilà rassurés! De son côté, le ministère de la Communication annonce pour fin 1983 un statut de la presse qui, selon le ministre, « doit protéger la presse écrite contre elle-même ». Tant de bonté réchauffe l'âme.

Le président de la République est-il au courant de ces manœuvres? Si elles aboutissent, verra-t-il de gaieté de cœur son septennat risquer de figurer devant l'Histoire, en dépit des serments et des belles phrases, comme l'un des plus funestes à la liberté d'expression?

3 octobre 1983.

1. *Le Peuple*, 15-30 juin 1975. Séguy était alors secrétaire général de la centrale communiste CGT.

LES DÉMONS CACHÉS DU PACIFISME [1]

Interpréter, réfuter, refouler le pacifisme à l'aide d'analyses rationnelles ne suffit pas. Le seul pacifisme rationnel est celui des partisans de l'impérialisme soviétique, qui domine dans les pays à partis communistes forts : Grèce, Italie, France. En revanche, la raison n'inspire guère et impressionne encore moins les pacifistes allemands, néerlandais ou danois. Aussi l'accusation d'incohérence suicidaire lancée contre eux ne répond-elle pas à la question : elle la pose. C'est l'originalité du nouveau livre d'André Glucksmann, *la Force du vertige*, que de la poser ainsi : pour comprendre la plus récente réincarnation du pacifisme, on doit en explorer les souterrains psychiques et les limbes affectifs.

Que le mouvement pacifiste germanique soit amplifié par les agitateurs prosoviétiques qui

1. A propos de *la Force du vertige*, d'André Glucksmann, Grasset.

l'infiltrent et par l'argent oriental qui l'inonde ne change rien au problème. Ce qu'il faut étudier, c'est la nature du sol où ces engrais importés font à ce point merveille.

Le secret du pacifisme allemand résiderait dans la culpabilité insurmontable qu'Auschwitz et le passé nazi entretiennent, brûlante, au fond de l'inconscient collectif. Auschwitz a conduit à Hiroshima, Auschwitz *c'est* Hiroshima, pense le pacifiste allemand. Et donc conjurer les futurs Auschwitz, c'est s'opposer à toute dissuasion nucléaire. « Les oscillations de la République fédérale entre atlantisme dur et prosoviétisme mou, écrit Glucksmann, ne stupéfient qu'un observateur superficiel qui néglige, sous l'affirmation d'amitiés indéfectibles, la fuite inconsciente devant soi suscitée par la plaie non refermée, et peut-être non refermable, de la solution finale. »

A cette plaie s'ajoute l'irritation due à la prolongation indéfinie de la dépendance allemande, puisque, en l'absence d'un traité de paix toujours à venir et à cause de la division du pays en deux, la défense nucléaire de la République fédérale ne peut être placée que sous le seul contrôle d'un général américain. Et il est exact que les autres Européens doivent faire un effort de compréhension et imaginer cette situation avant de condamner les pacifistes.

Mais, tout d'abord, il n'y a pas de pacifisme qu'en RFA. Ensuite, aucun pays européen de l'Otan n'a le droit de décider seul de l'emploi des armes nucléaires de l'alliance. Il existe partout un système de « double clé ». Sans cela, on risquerait de voir le subtil Papandréou expédier quelques missiles sur la Turquie la veille d'une élection municipale partielle en Grèce. Enfin, l'absence de règlement de la question allemande n'est pas du fait des Occidentaux, elle est du fait des Soviétiques, soucieux depuis quarante ans de conserver tel quel leur satellite est-allemand, à la fois forteresse et moyen de chantage.

Accuser l'Occident d'un mal dû à l'Union soviétique, et, plus généralement, punir la démocratie pour les crimes commis ou promis par le totalitarisme, telle est l'inversion de responsabilité qui sous-tend le mouvement pacifiste tout entier. Car ne nous y trompons pas : le coupable à ses yeux est le seul Occident, et en premier lieu l'Amérique. L'URSS ne possède, c'est bien connu, aucune arme d'aucune sorte, encore moins atomique. Susurrer « SS 20 » dans une réunion pacifiste, socialiste ou simplement syndicale allemande constitue une obscénité, un blasphème, un symptôme de perversion, une insulte à la bonne foi. De la sorte, la face cachée de la lutte contre la dissuasion nucléaire occidentale est une lutte pour le monopole atomique soviétique. La paix du pacifisme consiste à livrer la planète à Andropov. L'unique cible du mouvement est la civilisation démocratique.

Celle-ci, de même, est curieusement rendue responsable d'Auschwitz, alors qu'elle a, au contraire, fait la Seconde Guerre mondiale pour éliminer du monde les auteurs de la solution finale. Egaler Auschwitz à Hiroshima, c'est oublier que la bombe fut initialement mise au point pour débarrasser la Terre du totalitarisme nazi et de ses alliés. Oseriez-vous répliquer à Einstein, demande avec pertinence Glucksmann aux évêques américains, eussiez-vous osé proclamer en 1944 : « Plutôt Hitler que le nucléaire! Oui? Non? »

Question incomplète, du reste, car Hitler aussi était sur le point d'avoir la bombe en 1944. Le choix était donc : le nucléaire avec Hitler ou le nucléaire sans Hitler [2]. L'un des philosophes

2. Nous savons aujourd'hui que le Troisième Reich n'aurait sans doute pas pu réaliser une bombe atomique allemande assez rapidement pour gagner la guerre. Ce retard sur les Américains tint à l'épuisement d'une industrie de guerre surmenée, à la difficulté croissante de se procurer les minéraux rares qui étaient nécessaires et surtout à l'incompréhension de Hitler, qui ne mesura pas l'intérêt du projet nucléaire et préféra concentrer tout l'effort de l'industrie d'armement sur la mise au point des V1 et V2. Mais ces obstacles, les Alliés les évaluaient mal. Ils savaient, en revanche, fort bien que les savants atomistes présents en Allemagne, au premier rang desquels les prix Nobel Werner Heisenberg et Otto Hahn, disposaient des mêmes connaissances théoriques pour mettre en route la fabrication de l'arme nucléaire que les savants atomistes présents aux États-Unis. Du point de vue moral, par conséquent, la décision à prendre, pour les Alliés, se présentait bien comme un choix, non point entre la bombe et pas de bombe du tout, mais entre une bombe nazie et une bombe pour le camp allié. Dans ses

tutélaires du pacifisme, T.W. Adorno, prescrivait : « Penser et agir de sorte qu'Auschwitz ne se reproduise pas. » Or, Auschwitz fut possible parce qu'un État totalitaire messianique s'était emparé de l'hégémonie du pouvoir en Europe. Comment donc prétendre prévenir un nouvel Auschwitz en recréant les conditions qui ont déjà permis le premier, en remettant à un autre pouvoir totalitaire le monopole de la force et l'hégémonie nucléaire en Europe?

On le voit, les pacifistes – écologistes allemands, socialistes flamands ou évêques américains – choisissent non pas la paix contre le nucléaire, mais le nucléaire totalitaire contre le nucléaire démocratique : ou, pour leur accorder le bénéfice du doute, ils veulent la paix à tout prix, fût-ce par l'acceptation de la prépondérance nucléaire communiste.

Or, cette position se heurte à deux objections. La première est d'ordre pratique : même à l'ère nucléaire, il n'est pas de génocide que nucléaire.

mémoires, *Au cœur du Troisième Reich* (Berlin, 1969; tr. fr. Fayard 1971), Albert Speer, alors ministre de l'Armement, écrit (chap. 16) que le Reich aurait peut-être pu posséder une bombe atomique opérationnelle en 1945; cependant, plus loin, il retient comme plus probable 1947. De toute manière, dans l'ignorance de l'état d'avancement exact du projet nazi, mais sachant qu'il existait, les dirigeants alliés n'avaient pas le droit de prendre le risque, même minime, de laisser le totalitarisme nazi acquérir le premier l'usage d'une arme qui lui eût assuré la maîtrise du monde. (Note ajoutée à la présente édition.)

Les « moyens conventionnels », comme on dit, ont amplement pourvu à l'extermination des Arméniens, des juifs d'Europe, des Tatars de Crimée, des Biafrais, des Tutsis, des Cambodgiens, des trois quarts des *boat-people* vietnamiens, des Indiens Miskitos du Nicaragua, des Tibétains. Selon la formule terrible de Glucksmann, « en continuant ainsi, l'humanité peut s'amputer d'une ethnie par an sans jamais employer l'arme atomique ». Or, je ne sache pas que nos pacifistes – chevelus néerlandais ou barbus scandinaves – aient jamais tonné contre ces Auschwitz-là.

D'où la seconde objection, éthique et philosophique : est-il vrai qu'à l'âge nucléaire, la paix, comme l'affirment Egon Bahr, Heinrich Böll, Günter Grass, doive être préférée à tout, aux droits de l'homme, à la liberté, à la dignité, au bonheur? Là est le choix fondamental, là est la barrière décisive entre ceux qui répondent oui et ceux qui répondent non. Glucksmann est de ces derniers : « Dois-je, écrit-il, en mémoire de ma famille, proie de l'archipel nazi, accepter que mon enfant subisse l'archipel soviétique? J'aime mieux risquer de succomber avec un enfant que j'aime dans un échange de Pershing et de SS 20, que de l'imaginer entraîné pour toujours vers quelque Sibérie planétaire. »

J'ajoute que la guerre nucléaire nous menacera d'autant plus que l'Occident s'affaiblira. C'est lorsqu'on devient vulnérable que l'on invite à l'agression, pas lorsqu'on reste invulnérable. Si quelque chose a bien fonctionné depuis quarante ans et assuré la paix, c'est la dissuasion nucléaire. Et les seules régions du monde où ont eu lieu des guerres et des génocides sont celles où cette dissuasion ne jouait pas.

La forte et sarcastique méditation du philosophe va plus profond que les habituelles explications du pacifisme. Elle en retrouve la source occulte, qui gît dans les contradictions mêmes de la nature humaine. Le mouvement pacifiste possède plusieurs traits préoccupants : fermeture mentale, idée fixe, refus du réel et du dialogue, conviction d'être infaillible et de représenter les masses. « Mieux vaut être rouge que mort » comporte un corollaire : que tout ce qui n'est pas rouge soit mort.

Tout éclairante qu'elle soit, la généalogie du pacifisme par le passé nazi de l'Allemagne se brise sur une contradiction, que l'auteur lui-même signale. Vouloir la paix, sans dire à quel prix, est peu original. C'est aussi banal, souligne l'écrivain allemand Peter Schneider, que de vouloir l'oxygène ou l'eau. Ce qui compte, c'est que les pacifistes se montrent prêts à sacrifier la justice et la liberté en faveur de la paix. Ils acceptent le pouvoir totalitaire, seul autorisé par eux à conserver son armement nucléaire, et rabrouent les démocraties, seules sommées de détruire le leur. En cela, ils ressemblent aux Européens qui choisirent en 1940 la collaboration avec la paix nazie contre ceux qui choisirent la résistance, ou la guerre en exil. Les collaborateurs furent les premiers pacifistes modernes : eux aussi désiraient la paix *à n'importe quel prix*, même au prix d'Auschwitz.

31 octobre 1983.

LA RECHERCHE ASPHYXIÉE

Deux traits devraient frapper les Européens dans la liste des cinq prix Nobel scientifiques, cette année. Le premier, que les cinq récompenses aient été toutes remportées par des Américains. Le second, moins souvent relevé, que trois de ces cinq lauréats soient des Américains naturalisés.

Pendant longtemps, on a pu juger avec raison que la présence aux États-Unis de nombreux savants d'origine étrangère s'expliquait par les tragédies du nazisme et de la Seconde Guerre mondiale. Ces savants étaient en somme des réfugiés parmi d'autres. Aujourd'hui, cette explication ne vaut plus.

Exode des cerveaux! s'écriera-t-on. Impérialisme culturel! Domination de l'argent! Autant de poncifs qui nous empêchent de scruter les vraies causes de notre infériorité. Depuis au moins un quart de siècle, ces causes ne sont plus économiques, le revenu par habitant des Européens s'étant à peu près aligné sur celui des

Américains. Même le lauréat indien, né à Lahore, M. Chandrasekhar, n'est pas, si j'ose dire, un Indien scientifique, car il a obtenu son doctorat en Grande-Bretagne en 1933, à Cambridge, où il a travaillé pendant trois ans avant d'émigrer aux États-Unis en 1936. Il a donc opté, en tant que chercheur, non entre un pays sous-développé et un pays développé, mais entre deux pays développés.

Nul doute qu'une partie de l'attrait des États-Unis ne tienne aux larges crédits octroyés à la recherche par des bailleurs, du reste très divers, allant du gouvernement au mécénat privé, en passant par l'industrie et les Fondations. Mais le mal (pour nous) – et le bien (pour eux) – vient de plus loin et de bien d'autres causes.

L'Institut Max Planck, l'organisme allemand de recherche le plus réputé, a eu récemment à pourvoir un poste de directeur scientifique. Les administrateurs promenèrent leurs regards sur l'élite savante des deux mondes et leur choix se fixa sur un de leurs compatriotes, Allemand de l'Ouest, depuis peu en séjour temporaire aux États-Unis. Ils lui firent une offre exceptionnelle, tant à l'égard du salaire que des crédits de recherche alloués au département qu'on souhaitait lui confier. A leur grande humiliation, le savant refusa la proposition, alléguant que « seule l'Amérique fournit l'atmosphère propice à une bonne recherche scientifique ».

Invoquer une « atmosphère » en pareille matière peut sembler futile. Ce ne l'est pas, car les conditions de travail importent aux créateurs autant que les moyens de travail. La chose ne date pas d'aujourd'hui : croit-on que ce soit pour de l'argent que Descartes élut la Hollande comme pays de résidence? De toute manière, il était « à son compte », si l'on me passe l'expression. Les conditions favorables, ce sont d'abord des contacts directs et rapides à l'intérieur de la communauté scientifique elle-même. C'est ensuite que les chercheurs ne gaspillent pas leur énergie et leur temps à ruser avec la bureaucratie, les ministères et les syndicats. Sur le premier point, ce petit exemple : un chercheur français raconte, dans le *Wall Street Journal* du 20 octobre 1983, comment il rencontra en 1963, arpentant les couloirs d'une université américaine, l'inventeur du laser. Celui-ci l'invita aussitôt à venir prendre le petit déjeuner avec lui le lendemain matin. « Ce serait, commente notre homme, inconcevable en France, où, pour converser en tête à tête avec un savant de premier plan, il faut se livrer à de longs travaux d'approche qui n'aboutissent au mieux qu'à une brève rencontre. » Quant aux obstacles administratifs, politiques et syndicaux, ils entrent pour beaucoup dans la relative anémie de la science française, à quoi la seule augmentation des crédits ne saurait remédier. Le « volontarisme » gouvernemental n'empêchera pas que l'on ait un médiocre rendement, même avec beaucoup d'argent, si les conditions de travail asphyxient la recherche [1].

Depuis la Seconde Guerre mondiale, les États-Unis ont obtenu cent treize prix Nobel de science, la Grande-Bretagne trente-huit, l'Allemagne de l'Ouest treize et la France six. Ces écarts de réussite ne sont proportionnels ni aux écarts de population ni aux écarts de richesse nationale : ils sont plus forts. Comme, d'autre part, les Européens continentaux ne sont pas individuellement plus bêtes que les Anglais ou les Américains, surtout quand ceux-ci sont nés en Europe, il faut bien que la moindre fécondité de la recherche continentale, et notamment française, s'explique par les institutions, l'état d'esprit, les habitudes, l'organisation des études.

C'est ici que le livre de Laurent Schwartz, *Pour sauver l'Université* (Seuil), nous apporte une lumière qui devrait mettre un terme à toutes les stériles parlotes. Qu'un tel livre ait pu être écrit par un tel homme à un tel moment constitue pour la France et même pour l'Europe une chance historique. Rompant avec les habitudes d'opportunisme et de double langage que les élites françaises cultivent parfois trop bien, surmontant l'interdit d'une prétendue « fidélité à la gauche » qui consisterait à la laisser se fracasser sur les récifs sans dire un mot, ce

1. Les crédits annoncés en 1981 ont d'ailleurs été en partie bloqués en 1982 et 1983. La progression annuelle de 17,8 % en volume prévue par la loi de programmation n'a pas été réalisée.

socialiste de toujours met sa connaissance du problème au service de la seule vérité.

Les préposés à la « valse des étiquettes » politiques oseront-ils « rejeter à droite » le grand mathématicien? Car on en croit à peine ses yeux quand on lit sous cette plume de gauche que « le gouvernement socialiste était idéologiquement préparé à faire ce qu'il a fait, c'est-à-dire le contraire d'une véritable démocratisation » et cela au nom d'un « égalitarisme de pacotille », d'un « refus de la compétence » et d'une « politisation dans le mauvais sens du terme ». C'est le projet de loi Savary sur la réforme de l'enseignement supérieur qui inspire à Laurent Schwartz ces jugements sans indulgence.

Parmi les causes d'asphyxie de la recherche en France, il faut distinguer les causes anciennes, que la nouvelle loi perpétue ou renforce, et les causes nouvelles, introduites par le gouvernement actuel.

Les causes permanentes peuvent se regrouper en trois catégories : la séparation de l'enseignement et de la recherche; l'absence de sélection des étudiants; le fait qu'en majorité les élèves sortis des grandes écoles ne deviennent ni chercheurs ni ingénieurs mais entrent dans l'administration (ou la politique). Il faut noter que, dans tous les pays du monde qui brillent à la fois par le niveau de leur recherche et la qualité de leur enseignement supérieur, c'est dans et par l'Université seule que sont réunies et remplies toutes les fonctions qui, chez nous, se trouvent écartelées entre deux systèmes d'enseignement supérieur, universités et grandes écoles, et deux systèmes de recherche, universités et Centre national de la recherche scientifique. Cette séparation de plus en plus marquée entre enseignement et recherche a, chez nous, pour conséquence que ce sont rarement les chercheurs qui forment les étudiants. On sent les inconvénients de cette séparation pour l'éveil des vocations et la détection des talents.

Le talent, il est vrai, ou tout simplement les dispositions, le mérite, l'ardeur au travail sont des notions depuis Mai 68 proscrites comme réactionnaires. D'où le refus de la sélection à l'entrée de l'université, qui demeure le trait distinctif du système français d'enseignement supérieur. Ce système, sous ses apparences égalitaristes, démontre avec force Laurent Schwartz, est en réalité le plus antidémocratique qui se puisse concevoir, car il établit en fait la sélection par l'échec, le hasard, la désorientation, le découragement. Au rebours de tous nos préjugés, dit-il, « la sélection est un facteur de démocratie ».

Pourquoi? Parce qu'elle diversifie, examine cas par cas le dossier des étudiants et les dirige dans la voie où ils ont une chance de réussir. Quand elle les écarte, cela vaut mieux pour eux que de tomber dans le vide après deux ou trois ans de perdus : sélection aveugle, anonyme, invisible, beaucoup plus injuste et cruelle qu'une sélection rationnelle. Au demeurant, n'en déplaise à tous les vitupérateurs, les faits ont tranché : les universités américaines éduquent douze millions d'étudiants, meilleurs que les nôtres, que l'on fait travailler, que l'on conduit quelque part. Nos universités, en tenant compte de la différence des populations, devraient donc en éduquer deux millions et demi environ : elles n'en accueillent que huit cent cinquante mille. Et, dit Laurent Schwartz, elles tendent à devenir des universités « secondarisées », des « garderies d'étudiants ». Surcroît de paradoxe : la seule filière commandée par une vraie sélection des plus capables, les grandes écoles scientifiques, conduit fort peu, nous l'avons vu, à la recherche.

A ces infirmités anciennes, la réforme Savary ajoute des plaies nouvelles qui risquent d'être mortelles. La recherche, selon cette réforme, dépendra de « conseils scientifiques », qui, dans chaque université, décideront des orientations et choisiront les chercheurs. Or, dans ces conseils dits scientifiques, ce sont justement les scientifiques qui seront le moins représentés. Le mode d'élection à ces conseils aussi bien que les catégories de mandants qui auront pouvoir de les désigner aboutiront à ce que les professeurs y seront en minorité, tandis que les non-chercheurs y feront la loi : en particulier les syndicalistes du Syndicat national de l'enseignement supérieur (SNE-Sup), proche des communistes. Ainsi la recherche, et le destin des chercheurs, se subordonneront aux critères politiques et syndicaux, à ceux d'une idéologie, c'est-à-dire de ce qu'il y a de plus contraire à la science.

La notion de compétence est totalement absente de la philosophie et du texte de la loi Savary. Laurent Schwartz n'a pas de sarcasmes assez durs pour cette idéologie obscurantiste : « Quel gouvernement, demande-t-il, décidera demain de rendre tous les hommes égaux en leur distribuant le doctorat ès sciences en même temps que le diplôme du baccalauréat? » Ce sera d'autant plus facile que, comme on sait, les bacheliers eux-mêmes sont tous égaux, depuis qu'on a supprimé les mentions au baccalauréat [2].

Si Laurent Schwartz reconnaît que « la recherche française a connu son plus grand épanouissement dans la décennie 1970-1980 », il affirme, comme l'avait fait Raymond Aron dans son ultime article, et comme tout citoyen, universitaire ou non, peut facilement s'en convaincre, que les mesures prévues entraîneront l'enseignement et la recherche français vers le sous-développement.

La France ne pourra en aucun cas, si le gouvernement s'obstine, participer à la révolution industrielle en cours : il n'est pas de pays qui puisse rester développé quand son Université devient sous-développée.

7 novembre 1983.

2. Elles ont été rétablies en 1984.

DE LA DÉSINFORMATION

Le mot « désinformation », récemment adopté en français, correspond à une indiscutable réalité. La désinformation n'est pas seulement le mensonge, la propagande, le bourrage de crâne, la fabrication de fausses nouvelles, la censure, l'omission. Elle englobe, certes, toutes ces techniques, mais y ajoute un raffinement : faire apparaître comme émanant de l'adversaire même l'information fausse qui nuit à sa cause.

L'un des exemples les plus achevés de désinformation reste les fameux *Protocoles des Sages de Sion*, dont Léon Poliakov, dans son dernier livre, rappelle l'effarante carrière. Ce faux document, où l'on voit un « état-major secret » des juifs exposer son plan de conquête du pouvoir mondial, fut fabriqué par la police politique du tsar, l'Okhrana, à la fin du XIXe siècle. Les historiens en ont depuis lors démontré cent fois la criante inauthenticité. Le faux n'en servit pas moins à justifier en Russie les pogromes de 1906, devint, plus tard, le livre de chevet de Hitler, pour resurgir dans la littérature antisioniste et antisémite diffusée par Moscou en URSS et hors de l'URSS à partir de 1953.

Toute opération de désinformation n'atteint pas à cette pureté ni, heureusement, à cette longévité. Mais il en est de nombreuses qui la dépassent en ampleur. Dans son livre, *De Moscou à Beyrouth, essai sur la désinformation* [1], Léon Poliakov étudie le cas précis de la guerre du Liban de l'été 1982 et des forfaits apocalyptiques prêtés à l'armée israélienne durant cette guerre. Que l'on approuve ou que l'on désapprouve la politique de l'État d'Israël à cette occasion, il doit être possible de faire la distinction entre ce qui s'est réellement passé sur le terrain et les comptes rendus qu'en ont donnés les médias de masse. On peut légitimement juger que cent cinquante à cent soixante victimes civiles dans les deux bombardements de Tyr et de Saïda sont un chiffre de toute manière intolérable, et néanmoins se demander pourquoi les médias internationaux ont d'emblée cru pouvoir dénombrer quinze mille tués, sans toujours rectifier par la suite.

Pourquoi? Léon Poliakov, et c'est ce qui fait la profondeur de son analyse, montre que toute désinformation factuelle suppose, pour réussir, une désinformation idéologique préalable. Ou

1. Calmann-Lévy, 1983.

disons, afin d'éviter de prendre parti, suppose un conditionnement passionnel et la mise en place d'une vision interprétative. Dans le cas étudié, Poliakov suit pas à pas le retournement d'une certaine opinion internationale, dans les milieux politiques et dans les médias, sur la nature de l'État d'Israël depuis la guerre des Six Jours. Mai 1968 contribue à faire basculer le progressisme du camp juif au camp arabe et confère ses lettres de noblesse, pour les dix années qui suivent, au terrorisme international. La pression monte dans la chaudière idéologique, qui éclate lors de la guerre de l'été 1982. On se souvient de l'étrange sarabande verbale d'alors : « génocide », « holocauste », « second Oradour », « crimes contre l'humanité », retournant contre les juifs la terminologie même de leur passé. Plusieurs journalistes et penseurs allemands insinuèrent que le véritable continuateur de Hitler était en somme l'État d'Israël.

Cette désinformation gomma la situation au Liban à l'époque de l'attaque israélienne, une situation de pays occupé par l'armée syrienne et par l'Organisation pour la libération de la Palestine. Cette occupation-là ne choquait pas. Le siège de Beyrouth, pilonnée pendant trois mois par les canons syriens et les missiles soviétiques en 1978, était également oublié, de même que ses victimes civiles.

A partir du moment où était effacé des esprits le fait que le Liban avait cessé d'être un pays indépendant, Israël apparaissait comme l'unique agresseur. L'accueil souvent favorable de la population libanaise aux soldats israéliens ne constituait donc pas, on s'en doute, le sujet vedette des reportages télévisés.

L'une des formes les plus répandues et peut-être la plus importante de la désinformation s'appelle l'occultation [2].

14 novembre 1983.

2. Un autre exemple de désinformation, sur un tout autre sujet, fut fourni par l'émission qu'Antenne 2 consacra le 20 août 1984 à la Libération de Paris. Pour commémorer cet anniversaire, l'histoire était falsifiée de manière à imposer l'idée que la capitale avait été libérée par les seuls communistes. Falsification à deux degrés, car, pour que le mensonge fût complet, on passa sous silence le rôle de Charles Tillon, chef du Comité militaire national des FTP, à cause de sa rupture ultérieure avec le PCF. Ainsi, malgré le retrait de leurs ministres, les communistes continuent à tenir plusieurs centres de contrôle de la société française conquis par eux depuis 1981.

L'ART D'ÊTRE GRAND FRÈRE

La soviétologie sérieuse, naguère confidentielle, sort peu à peu des catacombes. Le *Grand Frère* en témoigne, nouveau livre d'Hélène Carrère d'Encausse, auteur du renommé *l'Empire éclaté* [1], professeur à la Sorbonne et directeur du cycle supérieur d'études soviétiques à l'Institut d'études politiques. De tels titres suffisent à montrer que l'on n'a pas affaire à quelque vindicatif marginal, de l'Ouest ou de l'Est. Pendant longtemps, il n'y eut que deux sortes de bons soviétologues : ceux d'ailleurs, auxquels l'URSS refusait le visa d'entrée, et ceux du cru, auxquels elle refusait le visa de sortie.

Les soviétologues officiels à leur tour ont appris à voir la réalité, sans toujours avouer leur dette, du reste, à l'égard des officieux qui les avaient souvent devancés. La soviétologie, plus prudente, s'abstient désormais de prédire, comme au début des années cinquante, un essor

1. Flammarion, 1978.

économique du communisme devant lui permettre d'aider l'Occident à se nourrir, ou un élan vers un nouveau « modèle » démocratique. Au début des années soixante, elle a transmis à sa jeune sœur la maosinologie le flambeau de danseuse étoile de la sottise politique.

Aujourd'hui, presque toute la soviétologie connaît et reconnaît les faits, à commencer par le principal : l'originalité absolue de son objet, cet Empire soviétique, tête du mouvement communiste international, qui diffère en nature de tous les autres empires, passés et présents. Quant aux écoles, on peut de façon très sommaire répartir les soviétologues en deux groupes : les uns ne croient pouvoir discerner pour l'instant aucun obstacle à la perpétuation et à l'expansion du système totalitaire; les autres prévoient au contraire une crise interne de l'Empire, sur le terrain économique et dans la relation de Moscou avec ses satellites.

C'est cette relation dont Hélène Carrère d'Encausse compose avec maîtrise à la fois l'analyse, l'histoire et le bilan dans son *Grand Frère* : projection hors des frontières du « grand frère » intérieur d'Orwell. L'adjectif « fraternel » revient d'ailleurs avec la fréquence d'un tic dans tous les traités qui resserrent chaque jour un peu plus l' « amitié » de l'URSS avec ses satellites d'Europe centrale. Amitié qualifiée d' « éternelle et indestructible » dans les traités avec la Tchécoslovaquie, la Bulgarie, la Pologne et la Roumanie, tandis qu'elle devient seulement

« éternelle » avec la Hongrie. Quel métaphysicien hongrois expliquera comment ce qui est éternel peut n'être point indestructible?

Cette phraséologie ritualiste recouvre l'un des systèmes d'asservissement d'un groupe de peuples par un État étranger les plus efficaces que l'Histoire nous fasse voir. Les seules guerres qui aient eu lieu en Europe depuis 1945 sont les guerres menées par les Soviétiques à l'intérieur de leur propre camp pour y faire respecter la loi fondamentale de l'Empire. Cette loi veut qu'à l'intérieur de chaque pays satellite le monopole du pouvoir sur la société appartienne au Parti communiste et que toute décision vraiment capitale appliquée par ce PC local soit en réalité prise à Moscou.

L'intégration s'effectue par des moyens divers : le Comecon assure une intégration économique, ciment de la subordination politique; la subordination politique se trouve entérinée en droit non seulement par des traités d' « amitié » mais aussi par son inscription dans la Constitution même de chaque pays satellite; le pacte de Varsovie, superstructure militaire coiffant unc foule de pactes bilatéraux, parachève l'intégration. Le pacte de Varsovie est pour l'URSS « une alliance dirigée contre les alliés plus que contre les ennemis ».

Cette politique, en dépit des spasmes de rejet qui en jalonnent le cours, a été couronnée de succès. Certes, les ouvriers allemands se sont soulevés à Berlin-Est en 1953, les Hongrois et les Polonais en 1956, les Tchécoslovaques en 1968, de nouveau les Polonais en 1970 et depuis 1980. Mais, après chacune de ces secousses, où les Occidentaux voyaient, selon leurs préférences, soit un début d'écroulement du communisme, soit l'aurore du socialisme démocratique, la domination de l'Union soviétique sur l'Europe centrale a fait un pas de plus en avant. Que les répressions fassent couler le sang ou seulement les larmes, que l'armée soviétique les exécute elle-même ou par janissaire interposé, estime l'auteur, après chaque tempête l'Union soviétique a su pousser et perfectionner l'intégration. Les techniques variées de « normalisation », apport communiste à l'art de dominer, ont habilement étouffé le cri des peuples. En examinant les trente-cinq ans écoulés, on contemple un tableau d'ensemble qui, malgré des reculs momentanés, retrace une marche globale vers l'intégration.

On manquerait cependant à l'équité en attribuant à la seule Union soviétique le mérite de cette réussite et en omettant la part considérable qu'y ont prise les puissances occidentales. A trois reprises au moins, leur concours fut décisif. Tout d'abord en 1945, au moment de Yalta. La Troisième Guerre mondiale a commencé en plein milieu de la Deuxième et a rapporté une immense victoire à l'URSS. Car Staline, contraint par la félonie de son allié Hitler à combattre inopinément aux côtés des démocraties, obtint bientôt de ces dernières l'autorisation à peine voilée d'annexer directement ou indirectement la presque totalité de l'Europe orientale et centrale. Il faut savoir gré à Hélène Carrère d'Encausse de rétablir avec fermeté, une fois de plus, et, je l'espère, une fois pour toutes, la vérité historique sur Yalta : la fameuse conférence marqua non point un partage de l'Europe, comme on le répète à satiété, mais l'appropriation d'une vaste aire européenne par l'URSS, malgré une molle tentative des démocraties pour limiter cette conquête.

La passivité occidentale sauva ensuite l'Empire au moment de la révolution de 1956 en Hongrie. On prétend souvent que rien de la part de l'Occident n'eût justifié une intervention, contraire au droit international, dans les affaires intérieures de la sphère soviétique. Mais d'où tire-t-on qu'il se fût agi d'une intervention contraire au droit international? C'est oublier un peu vite qu'Imre Nagy, chef légitime et communiste du pays, avait exigé le retrait des troupes soviétiques du territoire, annoncé que la Hongrie se retirait du pacte de Varsovie, proclamé, le 1er novembre, la neutralité hongroise, demandé aux Nations unies le soutien, l'appui et la protection des quatre Grands comme garantie de cette neutralité. La légitimité autorisait donc une intervention, jusqu'à ce que le droit du peuple hongrois à disposer de lui-même fût respecté. Aucun risque de guerre mondiale n'existait.

La troisième contribution occidentale à la

politique soviétique survint en 1975 sous la forme des accords d'Helsinki. L'auteur a raison d'insister sur cet élément déterminant qu'à Helsinki les démocrates ont légitimé la domination soviétique en proclamant non pas seulement l'inviolabilité des frontières issues de la Deuxième Guerre mondiale, mais encore leur intangibilité. En d'autres termes, elles se sont privées du droit de les remettre en question par la force, ce qui allait sans dire, mais même par la négociation. Cette clause consacrait un « espace socialiste spécifique, ne relevant pas du cadre et des normes internationales générales ».

A l'origine de l'asservissement, on trouve ce principe exorbitant, dicté par Staline et admis par les Occidentaux, que tous les pays libérés par l'Armée rouge deviendraient des pays conquis. Leur souveraineté serait « limitée » à tout jamais. En clair, cela s'appelle l'usurpation. Or, comme l'a écrit en 1814 Benjamin Constant dans *De l'esprit de conquête et de l'usurpation* : « Malheur à ceux qui, se croyant invincibles, jettent le gant à l'espèce humaine, et prétendent opérer par elle des bouleversements qu'elle désapprouve et des miracles qu'elle ne veut pas. »

21 novembre 1983.

LE RETOUR DE L'INDIVIDU

La réalité première et ultime, le point de départ et le point d'arrivée de toutes choses, dans les sociétés humaines, c'est l'individu. Telle est la redécouverte, disons même la reconquête, due à ce mouvement d'idées que l'on appellera peut-être un jour « révolution néo-libérale des années quatre-vingt ».

Sociologues, idéologues, voire démagogues, nous l'ont certes assez seriné dans le passé : l'individu ne s'appartient pas, il appartient toujours à un groupe, et même, dans toute société complexe, à plusieurs groupes à la fois. Mais cette appartenance incontestée ne saurait prévaloir contre le seul fait invariable dans l'histoire des hommes : qu'au bout du compte tout se vit sous forme d'expérience individuelle.

Un sociologisme déjà périmé a voulu, durant les années soixante et soixante-dix, quasiment exclure l'homme de toute autre existence que collective.

Pour le structuralisme comme pour le

marxisme, les seuls acteurs sur la scène du monde étaient des agrégats : classes sociales, classes d'âge, classes politiques, catégories socio-professionnelles, les grands corps, les corps constitués, la fonction publique, le secteur privé, le troisième âge, le deuxième sexe, les cadres, les familles. Le singulier disparaissait sous le glacier des entités : plus de fils rebelles, mais un « conflit de générations »; plus de bagarres par jalousie ou par vanité, mais un « phénomène de société ». C'était la toute-puissance de l'anonymat, le triomphe de l'impersonnel. Dans la culture même, on n'osait guère parler désormais d'écrivains, de peintres s'adressant à des lecteurs, à des amateurs, encore moins à des connaisseurs, tous termes réactionnaires. Il n'était plus question de goût, de beauté. Il fallait dire que des « cellules de création » ou des « collectifs » élaboraient des « structures de communication » pour « dialoguer » avec des « réseaux de sensibilités », dont il allait de soi qu'aucune d'entre elles n'était individuelle. Organiser un concert, monter une pièce avaient pour objectif de faire non plus de la musique ou du théâtre, mais de l' « animation ».

Comme le souligne Raymond Boudon, qui, dans sa *Logique du social* [1], réagit contre cette tendance, l'idéologie des années soixante et soixante-dix a propagé le dogme que l'individu est tout entier le jouet des structures sociales.

1. Hachette-Pluriel.

Dogme qui a engendré à son tour plusieurs erreurs; par exemple, entre autres, que la publicité, omnipotente, détermine à sa guise le choix des consommateurs, inocule à la collectivité n'importe quel besoin, et donc impose au marché n'importe quel produit. Ou encore, les inégalités scolaires et les inégalités de réussite découleraient exclusivement du niveau de revenu des milieux d'origine. Boudon, et avec lui bien d'autres sociologues du nouveau cours, tel Philippe Bénéton, auteur du *Fléau du bien* [2], montre que ces théories, contraires à toutes les données observables, sont réfutées par l'enquête sociologique sérieuse.

Innocentes querelles de théoriciens? Non pas. Car le principe selon lequel l'homme n'existerait que sous emballage collectif façonne l'image fausse que l'État moderne conçoit trop souvent du « corps social ».

Ces préjugés inspirent à l'État français, par exemple, les dévastatrices réformes de l'enseignement, secondaire et supérieur, que nous voyons suspendues sur nos têtes en 1983. Les éducateurs nationaux, dès lors qu'à leurs yeux les différences ne sont jamais individuelles, qu'elles sont toutes dues à des inégalités sociales, se confèrent la mission de les supprimer par la voie autoritaire. Qu'il faille pour y parvenir supprimer aussi les libertés, voilà un enchaînement dont ne prennent pas conscience les

2. R. Laffont.

gouvernants hantés par le « fléau du bien ».

Reclus dans leur vision, prisonniers d'une fausse explication du mal qu'ils veulent guérir, ils échouent. Mais ils n'attribuent pas leur échec à leur erreur de diagnostic. S'ils butent sur une résistance, ils l'attribuent à un complot collectif, fruit d'intérêts de classe, qu'ils se mettent donc en devoir de combattre par un surcroît de mesures répressives. Il ne leur vient jamais le soupçon que cette résistance émerge des comportements spontanés et convergents de milliers d'individus, dont le seul crime est de ménager leur autonomie et de se soustraire à l'absurde. La délinquance, serait-ce l'individu même? Sans doute, et c'est bien pourquoi les régimes totalitaires s'acharnent à l'annihiler.

Pas seulement les régimes totalitaires, au demeurant. Car des régimes démocratiques agités d'impérialisme moralisateur peuvent par gradations insensibles en venir à des méthodes despotiques.

Les lecteurs du *Point* auront gardé présent à l'esprit ce reportage sur la Suède [3], où l'on voit, dans cette démocratie jadis modèle, s'instaurer un contrôle idéologique de l'enfance et des relations entre parents et enfants. Pis : une incitation à la délation des parents par les enfants, pour anticonformisme social et politique. Ce trait constitue, nul ne l'ignore, l'un des procédés policiers du nazisme et du communis-

3. *Le Point*, n° 578, 17 octobre 1983.

me. Comment la Suède a-t-elle pu se laisser glisser aussi bas dans la violation des droits de l'homme, elle qui prodigue avec hauteur tant de leçons de morale à la terre entière? C'est qu'elle a oublié que les droits de l'homme sont d'abord et avant tout des droits individuels.

C'est là, en effet, le signe distinctif de la démocratie moderne. Elle ne se compose pas seulement des droits politiques et des droits sociaux, nécessaires mais non suffisants, ni du reste absolument nouveaux. Elle apporte en outre cette garantie : l'inviolabilité de la sphère privée devant les empiétements abusifs de la puissance publique dans toute la mesure où cette intervention n'est pas justifiée par les intérêts vitaux et réellement communs de tous les membres de la société. Nul n'a exposé avec plus de clarté cette innovation radicale que Benjamin Constant dans sa fameuse conférence de 1819, *De la liberté des Anciens comparée à celle des Modernes.* La liberté chez les Anciens, dit-il, « se composait plutôt de la participation active au pouvoir collectif que de la jouissance paisible de l'indépendance individuelle. »

L'une, certes, est aussi indispensable que l'autre. Mais la première ne vaut guère la peine d'être vécue si elle doit entraîner la destruction de la seconde. C'est ce que commencent à redécouvrir aujourd'hui les citoyens mêmes des États libres. États, en effet, de plus en plus libres de leurs décisions et citoyens de moins en moins libres des leurs.

L'individu regimbe soudain, oppressé par une indigestion d'État. Tel livre, *le Peuple et son maître,* de Jean-François Prévost [4], préconise un « coup d'État de l'individu », arguant que, « perdu dans la contemplation des exploitations économiques, l'homme contemporain semble rester aveugle sur sa totale exploitation politique par l'autorité ».

Dans *l'Ère du vide. Essai sur l'individualisme contemporain* [5], Gilles Lipovetsky raconte bien comment, depuis une quinzaine d'années, l'individu moderne, las de discuter en vain avec un État envahissant, s'est pour ainsi dire reprivatisé, creusant sa tanière de plaisirs subjectifs et recherchant la liberté dans le narcissisme. Est-ce le renouveau de ce désintérêt calculé à l'égard de la vie publique préconisé jadis par Épicure?

Je doute, pour ma part, que ce quiétisme puisse durer. L'État dit « providence » coûte chaque jour plus cher qu'il ne rapporte. Et le narcissisme moderne s'appuie sur une technologie d'autant plus onéreuse (magnétoscopes, Walkman, automobiles, bateaux etc.) que l'État la taxe sans cesse davantage.

En fait, c'est la démocratie qu'il faut remettre sur ses deux pieds. L'un de ces pieds consiste en ce que le gouvernement est exercé par les représentants de la majorité des électeurs. L'autre, trop oublié de nos jours, est que cette

4. Plon.
5. Gallimard.

majorité même ne doit pas agir ni légiférer contre les droits de l'homme ou les libertés individuelles fondamentales. La liberté, écrit encore Benjamin Constant, « n'est autre que ce que les individus ont le droit de faire et ce que la société n'a pas le droit d'empêcher ». L'évolution de l'État moderne a développé le pouvoir de la majorité, mais réduit l'autre pilier de toute démocratie : à savoir que la majorité n'a pas licence de violer certains droits imprescriptibles. Lorsqu'un parlementaire socialiste, André Laignel, lança aux députés de l'opposition : « Vous avez juridiquement tort parce que vous êtes politiquement minoritaires », avait-il conscience de piétiner le fondement même de nos institutions? Car dans l'article 2 de la Déclaration des droits de l'homme, reprise dans le préambule de toutes nos Constitutions, y compris la dernière, on lit que « le but de toute association politique est la conservation des droits naturels et imprescriptibles de l'homme. Ces droits sont la liberté, la propriété, la sûreté et la résistance à l'oppression. »

Aussi le plus endiablé des néo-individualistes, le jeune économiste canadien Pierre Lemieux, nous engage-t-il à « redécouvrir les droits de l'homme » dans un livre à la verve impétueuse et à l'allégresse communicative : *Du libéralisme à l'anarcho-capitalisme* [6]. Lemieux le note avec pertinence : toutes les grandes chartes qui jalon-

6. PUF. Coll. Libre-échange.

nent l'émergence de la démocratie, depuis la Magna Carta de 1215 jusqu'aux Déclarations française et américaine de la fin du XVIIIe siècle, formulent des garanties pour les individus contre les abus de l'Autorité et de la majorité même. En revanche, d'autres chartes ont proclamé des droits collectifs, tels que « l'État s'engage à procurer à tous les citoyens des moyens d'existence », ou encore « toutes les formes de propriété restent subordonnées aux nécessités nationales et au bien général ».

Ces énoncés sont respectivement l'article 7 du programme nazi de 1920 et l'article 30 de la Loi fondamentale de l'Espagne franquiste (1947).

Nombre d'auteurs, dans le courant individualiste qui s'enfle chaque jour, se demandent, avec Robert Nozick, si les États démocratiques ne vont pas bientôt « interdire les actes capitalistes entre adultes consentants [7]. » Car, par naïveté boulimique, l'État s'attribue la mission de « corriger les désordres du marché », alors que le principal responsable du désordre économique, en général, c'est l'État lui-même. L'économie aussi ramène à l'individu. L'unité économique créatrice, ce n'est pas la bureaucratie, ce n'est même pas l'entreprise, c'est l'entrepreneur.

Dans son plus récent livre, intitulé (encore un!) *Essais sur l'individualisme* [8], le sociologue

7. Robert Nozick, *Anarchy, State and Utopia,* 1974.
8. Le Seuil.

et philosophe Louis Dumont observe que l'individualisme est la valeur cardinale des sociétés modernes tout en étant, depuis la fin du XVIIIe siècle, perpétuellement hanté par son contraire, le totalitarisme.

Mais, même en démocratie, ce que rejette la sensibilité nouvelle, c'est un État qui prétend faire le bonheur de l'ensemble de la société tout en tyrannisant chacun des individus qui la composent.

5 décembre 1983.

ALLEMAGNE : LE RÊVE ET LA RÉALITÉ

L'Allemagne de l'Ouest se trouve être le pays, après les États-Unis, dont dépend le plus la sécurité de l'Europe, et en même temps c'est le plus mal compris du reste des Européens. Son opinion publique semble avoir évolué, depuis l'invasion de l'Afghanistan, dans un sens opposé à celui des opinions dans les autres pays occidentaux. Elle n'a pas voulu partager le diagnostic de ses alliés sur l'échec de la détente et sur l'accroissement de la menace soviétique.

Elle a été le haut lieu du pacifisme, a manifesté une méprisante indifférence au sort des Polonais, pour ne pas dire une nette hostilité à Solidarnosc. Cependant, le Bundestag a voté en faveur du déploiement des Pershing. Mais l'énigme et l'ambiguïté allemandes ont-elles disparu pour autant? Si l'Alliance atlantique a résolu l'un de ses problèmes, l'Allemagne n'en conserve pas moins tous les siens.

Quels sont-ils? Malgré la valeur de nos spécialistes des affaires allemandes, le grand public français rechigne à s'initier aux dilemmes d'outre-Rhin, il reste affecté comme de cécité mentale devant des réalités d'une écrasante simplicité.

Nous ne comprenons pas certains comportements allemands, ils nous semblent inconséquents, pour la seule raison que ce sont des réactions à des situations contradictoires, à des casse-tête dont nous n'avons qu'une très vague idée.

Première réalité simple, aussi monumentale que généralement insoupçonnée : *la RFA n'est pas un État souverain.* Cela peut paraître surprenant, puisque le pays a son chef de l'État, son chef du gouvernement, des ministres des Affaires étrangères et de la Défense. C'est pourtant le cas, bien que le régime d'occupation en RFA (pas à Berlin) ait cessé depuis longtemps. En effet, selon l'article 2 de la Constitution, « les trois puissances, États-Unis, France, Grande-Bretagne, se réservent les droits et responsabilités antérieurement détenus par elles », à savoir tout ce qui concerne Berlin et l'ensemble de l'Allemagne dans la perspective d'un statut définitif du pays et du traité de paix qui le fixera.

Deuxième réalité simple, impliquée par la précédente et souvent oubliée aussi, parce que la RFA fonctionne en pratique avec presque tous les attributs d'un État souverain : *aucun traité de paix n'a encore été signé* entre l'Allemagne et ses anciens ennemis, les trois cités plus haut, plus l'URSS. C'est de cette absence de règlement que résultent les limitations de souveraineté. Les Allemands ont un droit de regard sur tout, sauf sur le problème allemand. Comme l'absence de traité de paix a l'air de vouloir durer des siècles, ils voudraient bien recouvrer la plénitude de leur souveraineté d'une manière quelconque, dans le cadre du statu quo actuel, sans pour autant compromettre les chances d'une future réunification.

Troisième réalité simple : *les Allemands n'ont pas d'autonomie en matière militaire.* Sans parler de l'autonomie à la française ou à l'anglaise, puisque l'accès à une arme atomique nationale leur demeure interdit, ils ne sont pas non plus tout à fait associés à la décision stratégique comme alliés à part entière. Ils peuvent accepter ou refuser le stationnement des armes des autres, ce que l'Allemagne de l'Est ne peut pas faire pour les armes soviétiques, mais ils n'en contrôlent pas l'emploi, du moins en droit. Les traités de 1954 et 1955, qui limitent la souveraineté de la RFA en matière militaire, sont formels. Néanmoins, quoique non souveraines en matière militaire, les deux Allemagnes additionnées hébergent sur leur territoire la plus forte concentration de troupes et d'armements que le monde ait jamais connue, où que ce soit. On conviendra que ce privilège très particulier peut engendrer des tensions psychologiques, et par là conduire à des comportements extrêmes ou contradictoires.

Il en va de même pour la quatrième grande réalité simple : *le problème de la réunification des deux Allemagnes est à la fois insoluble et inamovible.* Inamovible parce que présent à l'esprit de tout Allemand, quoi qu'il dise, et parce que mentionné de façon explicite dans le préambule de la Constitution de la RFA, qui définit l'Allemagne comme « un État divisé et qui vise à l'unité »; insoluble parce que le résoudre supposerait la désoviétisation de la RDA ou la soviétisation de la RFA.

La première éventualité est peu probable à court terme; la seconde, peu souhaitable – au moins du point de vue des démocraties : car, du point de vue de l'URSS, au contraire, il est sûr qu'au moins la *neutralisation* de l'Allemagne occidentale reste l'objectif principal en Europe, la clé de la domination sur l'Ouest.

Devant ce buisson, que dis-je? ce massif d'épines, qui piquent les Allemands de quelque côté qu'ils se tournent et se retournent, la conscience et la politique allemandes cherchent à s'adapter de trois manières différentes.

La première est celle des Verts, pacifistes ou neutralistes. Leur programme s'appuie sur une négation pure et simple de la réalité. Pour eux, le danger soviétique et, dirait-on, même l'Union soviétique n'existent pas. Une fois supprimé cet obstacle, l'affaire des euromissiles apparaît tout naturellement comme une gratuite ingérence américaine visant à imposer des Pershing à la RFA pour des motifs imaginaires. Le neutralisme devient résistance à l'impérialisme américain et aboutit donc à une renaissance du nationalisme allemand. L'idée que ce nationalisme neutraliste doive conduire en pratique à une nouvelle perte de l'indépendance nationale n'effleure pas les Verts, puisque pour eux la puissance militaire soviétique est une invention occidentale. Ne perdons pas notre temps à nous demander si le mouvement pacifiste est sincère ou manipulé par l'Est : les deux sont vrais. Ce qui nous intéresse ici est de constater la fuite des Verts devant la réalité, et que cette fuite sert les intérêts soviétiques.

La forme d'adaptation des socialistes est à peine moins irrationnelle, depuis leur tout récent congrès, qui a vu le retour triomphal de Willy Brandt au détriment de Helmut Schmidt, avec la réaffirmation de l'Ostpolitik la plus outrancière.

Cette ouverture à l'Est renoue avec la version unilatérale de feu la détente, version selon laquelle les concessions aux Soviétiques, même sans réciprocité, seraient toujours bénéfiques, et donc toujours insuffisantes.

Le SPD ne va pas, comme les Verts, jusqu'à refuser de prendre acte de la présence des SS 20 à l'Est, mais il y voit une réplique à l'agressivité de Reagan, même si ce dernier a pris possession de la présidence des États-Unis trois ans après le début du déploiement des nouvelles fusées soviétiques! On connaît, certes, l'habitude qu'ont les partis socialistes de changer de politique étrangère selon qu'ils sont au pouvoir ou dans l'opposition, et le SPD n'a pas fait exception. Reste que sa volte-face est grave dans le contexte international actuel. Or le SPD nie la dramatisation de ce contexte, ou du moins les responsabilités avant tout soviétiques dans cette dramatisation, et continue à rendre un culte magique à l'efficacité de la détente, ce qui est tout sauf le bon moyen de la restaurer.

Il serait aventuré toutefois d'en induire que l'adaptation chrétienne-démocrate aux contradictions allemandes prend pour sa part le contre-pied intégral des vues socialistes. Elle est plus réaliste, certes, plus consciente de l'enjeu démocratique, dont il serait particulièrement ridicule pour la RFA de confier la défense à la seule bonté d'âme de Moscou. Mais la CDU n'en partage pas moins la théorie du SPD selon laquelle la méthode des petits pas dans le rapprochement entre les deux Allemagnes contribuera peu à peu à estomper la coupure de l'Europe en deux. « C'est précisément quand les relations internationales sont difficiles, vient d'écrire le chancelier Helmut Kohl dans une lettre au numéro un de la RDA, Erich Honecker, que les deux États allemands doivent mettre tout en œuvre pour intensifier leur rapprochement. » Le dirigeant communiste, de son côté, a parlé en octobre 1983 de la « nation allemande » et du droit du peuple allemand « tout entier » à se prononcer contre la course

faire sortir de ce rêve en direction d'une nouvelle réalité européenne, pour lui épargner d'avoir à en sortir par la porte soviétique [1].

2 janvier 1984.

1. Cet article, sous une forme plus étendue et légèrement modifiée, a servi partiellement de postface à l'édition en langue allemande de *Comment les démocraties finissent*, Grasset, 1983. Tr. all. : Piper Verlag, 1984.

TERRORISME ET DÉFENSE [1]

C'est un lieu commun de dire que les démocraties ne peuvent pas se défendre contre le terrorisme car elles seraient obligées, pour le prévenir, d'adopter des méthodes non démocratiques. Le risque existe, certes, et c'est pourquoi la propagande totalitaire joue sur les opinions publiques occidcntales et sur leur peur d'entrer dans un régime trop policier. Le piège consiste à nous convaincre que les démocraties ne peuvent se protéger sans devenir des quasi-dictatures. C'est très habile, cela fonctionne depuis des années : mais aujourd'hui, c'est faux.

C'est faux, parce que le terrorisme qui nous vrille est désormais un terrorisme d'État. Même

1. Le 31 décembre 1983, vers vingt heures, une bombe explosait dans le TGV Marseille-Paris et une autre en gare de Marseille. Les deux attentats, revendiqués par un « groupe de libération arabe » et probablement organisé par Carlos, firent cinq morts et une cinquantaine de blessés.

les terrorismes à l'ancienne, dus à des activistes ethniques ou à des extrémistes révolutionnaires, ont été depuis longtemps pris en main par des réseaux liés à des États. On répondra que presque tout le monde aujourd'hui à l'Ouest en a l'intime conviction et maintes preuves, mais qu'on ne peut toujours le démontrer de façon irréfutable. Et pour cause! Toute l'astuce consiste, de la part des centrales lointaines, à interposer des paravents et des paliers entre le point de départ et le point d'impact. Peu importe également qu'il y ait vraiment ou non une « centrale terroriste internationale ». Les historiens en décideront.

En revanche, tant que les États qui mènent la guerre terroriste – car c'est une guerre – contre les démocraties constateront que nous sommes trop timorés pour oser même dire à voix haute d'où viennent les coups, nous les inviterons à frapper plus fort et plus souvent. N'obtiennent-ils pas d'excellents résultats? Le compte à rebours du retrait de la force multinationale du Liban n'a-t-il pas commencé?

La liste des États qui mènent en première ligne la guerre terroriste est bien connue : Iran, Irak, Yémen du Sud, Libye, Syrie, Cuba, Corée du Nord. Certains de ces pays, bien sûr, ne jouissent pas d'une autonomie terroriste complète, et ne peuvent agir qu'avec le feu vert ou sur l'ordre d'un pays qui se tient à l'arrière-plan d'eux tous, l'URSS. Dans bien des cas, les démocraties feront donc mieux de s'adresser au « Grand Frère » qu'à ses petits amis.

L'action policière n'aura de sens que par rapport à une nouvelle vision politique. Elle est plus facile en France qu'elle ne l'a été en Italie ou en Allemagne, puisque la majorité des agents terroristes en France viennent du dehors, et peuvent être plus aisément identifiés. Jusqu'à présent, nous laissons entrer ces terroristes parce qu'ils sont porteurs de faux passeports délivrés par des autorités avec lesquelles nous ne voulons pas nous brouiller. La vraie cause de notre inefficacité policière doit donc bien être recherchée dans notre indécision politique.

Or il est probable que la résolution de faire pénétrer le terrorisme en France a été prise par certains États dans le cadre d'un calcul rationnel et opérationnel. Nous ne pouvons plus répondre à ce calcul comme si nous n'avions affaire qu'à une suite malheureuse d'accidents sans liens entre eux. La prochaine cible du terrorisme international pourrait bien être les États-Unis. Elle est, de toute façon, partout, actuellement, la démocratie. Et, là encore, comment les citoyens, dans les démocraties modernes, ne seraient-ils pas exaspérés par le contraste entre le poids de l'État sur la société et son impuissance à la protéger? Les terroristes de masse savent bien que l'on entre dans un pays démocratique comme dans un moulin et qu'on en ressort comme d'un cinéma.

Aussi est-il grand temps que les démocratics, dans cette lutte, unissent davantage leurs efforts. Chacune a tendance à ne prendre au sérieux que son propre terrorisme et à trouver plutôt folklorique, sinon même sympathique, celui des autres. Les médias français n'appellent-ils pas « réfugiés » les tueurs basques espagnols opérant à partir du territoire français? La France n'héberge-t-elle pas, au vu et au su de tous, un terroriste en fuite, Toni Negri, ancien chef d'une organisation, « Autonomie ouvrière », reconnue par la justice italienne coupable de plusieurs dizaines de meurtres?

Le terrorisme aujourd'hui constitue une agression étrangère contre les démocraties. Il s'agit non plus d'un danger intérieur, mais d'une menace extérieure. Les mesures à prendre ne sont plus du tout des mesures de répression : ce sont des mesures de défense.

9 janvier 1984.

MOSCOU EN AMÉRIQUE CENTRALE

Au lendemain du débarquement américain à la Grenade, en octobre 1983, le quotidien espagnol *El Pais* rapprochait cette opération de l'expédition de Saint-Domingue par laquelle, pouvait-on lire, « les États-Unis avaient, en 1965, renversé par la force le président démocratiquement élu Juan Bosch ». *El Pais* avait une excuse : c'est la version courante. Rien ne montre mieux qu'une telle erreur le mépris européen des affaires latino-américaines, dénoncé ici même par le grand romancier péruvien Mario Vargas Llosa [1].

En effet, Juan Bosch avait déjà été renversé par un coup d'État autochtone dès 1963. Puis les renverseurs avaient été eux-mêmes renversés, en 1965, par des éléments procastristes, ce qui provoqua une guerre civile, l'intervention des États-Unis et de l'Organisation des États américains.

1. *Le Point*, 9 janvier 1984.

On peut contester la légitimité de cette intervention, qui prit rapidement fin. Du moins faut-il en raconter aussi les conséquences : dès 1966 eurent lieu des élections présidentielles tout à fait honnêtes; Juan Bosch put s'y présenter, il fut démocratiquement battu par Joaquin Balaguer; depuis lors la république Dominicaine est un des pays de la région où le pouvoir se transmet en toute régularité au moyen d'élections libres, dans le respect de l'alternance.

Pourquoi rectifier ces détails à propos d'une petite république des Antilles? Parce que la région caraïbe et l'Amérique centrale sont devenues un enjeu politique et stratégique d'importance mondiale, et qu'il est donc grand temps de remplacer les vagues clichés progresso-folkloriques régnant à leur sujet par une connaissance plus exacte de ce qui s'y passe.

C'est une notion généralement acceptée que la région est l'objet depuis plusieurs années d'un intense travail de déstabilisation politique et de guérilla, dirigé ou aidé par Moscou et relayé par La Havane. En même temps, on admet tout aussi unanimement que lutter par des moyens purement militaires contre le terrorisme et la guérilla communistes ne sert à rien si l'on ne remédie pas aux deux fléaux de base de l'Amérique centrale et des Antilles : la pauvreté du plus grand nombre et les dictatures sanguinaires.

Telle est la conclusion à laquelle viennent de

parvenir séparément deux groupes de travail. L'un, le groupe dit de Contadora (du nom d'une petite île panaméenne où il s'est réuni pour la première fois en janvier 1983), comprend les ministres des Affaires étrangères de Panama, du Mexique, de la Colombie et du Venezuela, car ces trois derniers pays entourent la région et sont affectés, voire menacés, par tout ce qui s'y déroule. L'autre groupe est la commission bipartite américaine, présidée par Henry Kissinger, qui vient de remettre son rapport à Ronald Reagan. La commission Kissinger insiste davantage sur l'aspect international de la subversion armée et sur la nécessité d'y répondre par une défense appropriée; le groupe de Contadora croit davantage à la possibilité d'obtenir par la négociation et la bonne volonté l'arrêt des immixtions étrangères : mais les deux textes s'accordent sur l'indispensable primauté de l'aide économique et de l'encouragement à la démocratie.

Sans que soit allégé en rien le devoir des pays riches de contribuer au développement des pauvres et de promouvoir la démocratie, le louable raisonnement des deux groupes, surtout du groupe de Contadora, ne prend pas assez en considération la spécificité de la subversion organisée. Croire que celle-ci s'arrêtera spontanément parce qu'un pays deviendra plus prospère et plus démocratique relève de l'illusion, ou d'un marxisme vulgaire selon lequel l'économie serait le seul moteur de l'histoire. C'est postuler que les sources de la violence sont uniquement les sources sociales et politiques internes, ou du moins que les sources externes perdront toute influence quand les conditions de vie se seront améliorées, quand les dictatures auront été renversées. Si c'était le cas, on ne comprendrait pas pourquoi la guérilla, assortie du plus brutal contre-terrorisme d'État, sévit depuis des années au Guatemala, pays qui a connu un indéniable essor économique, et non pas au Honduras, dont le revenu par tête est inférieur de moitié, et où la démocratie dans la paix civile subsiste jusqu'à présent tant bien que mal. Ni pourquoi une guérilla forte et organisée perturbe depuis si longtemps la Colombie, pays pauvre sans doute, mais non des plus pauvres, pays pourvu de syndicats puissants et d'un gouvernement de type présidentiel élu tous les quatre ans de façon démocratique. La théorie de la guérilla comme phénomène de réaction à la dictature ne résiste pas plus à l'épreuve des faits que la théorie purement économique.

Cette dernière n'explique pas pourquoi la Jamaïque, qui, en 1970, avec un revenu de sept cents dollars par tête, exceptionnel pour la région, semblait impossible à ruiner, l'a pourtant été grâce à la virtuosité d'un président castriste, Michael Manley, dont l'île avait cru bon de se doter, sans que la misère justifiât cet étrange choix, puisqu'au contraire c'est Manley qui l'introduisit. Détail parlant : le premier geste du successeur de Manley, en 1980, fut d'expulser l'ambassadeur de Cuba.

L'intervention américaine à la Grenade a également dévoilé qu'il existe une technique de ce que l'on pourrait appeler le « putsch invisible », qui consiste à faire prisonnier tout un peuple, contre son gré, d'une manière qui, de l'extérieur, paraît traduire son choix. L'accueil enthousiaste de la population grenadéenne aux envahisseurs américains montre à quel point l'opinion mondiale avait été bernée. Les tonnes de documents secrets saisis sur place, et qui n'étaient pas destinés à la consommation étrangère, constituent une source d'information inappréciable sur les méthodes du communisme international. Certains d'entre eux [2] attestent l'universalité de l'internationalisme « prolétarien » : ils sont rédigés non seulement en espagnol et en anglais, mais en russe, en coréen, en vietnamien, du fait de l'insertion de la Grenade (à peu près la population de Saint-Denis) dans le réseau communiste mondial.

Bien mieux : le parti grenadéen New Jewel, aussi totalitaire que les autres partis communistes, on l'a bien vu, avait réussi à se faire admettre comme membre de l'Internationale socialiste! Faveur refusée aux partis sociaux-démocrates en exil de l'Europe de l'Est, et en particulier aux sociaux-démocrates polonais...

2. Publiés par *le Monde* (13-14 novembre 1983), et *Est-Ouest* (numéros de janvier et de février 1984).

Les documents de la Grenade établissent que plusieurs autres partis prétendument socialistes d'Amérique centrale et des Antilles, admis au sein de l'Internationale socialiste, sont en réalité des branches du communisme international. Jobardise ou complicité? On ne voit en tout cas pas ce que ce noyautage, savamment ajusté par Moscou et La Havane, doit aux injustices sociales du lieu ni en quoi il peut contribuer à les corriger. Autre découverte : à la Grenade, c'était, à l'insu du monde extérieur, l'ambassadeur de Cuba en personne qui présidait le conseil des ministres.

On voit donc que l'île était un pays véritablement conquis, sans que personne en eût pris conscience, sauf la population. Cela éclaire d'un jour inattendu le principe de non-ingérence qui, appliqué à la lettre, permettrait à Moscou d'installer dans plusieurs pays des gouvernements à sa solde sans qu'à aucun moment le droit international autorise à empêcher ces annexions subreptices. Le processus est d'ailleurs celui qui a présidé à l'asservissement de l'Europe centrale.

En outre, si liberté, justice et prospérité constituent de toute évidence les conditions sans lesquelles aucune solution durable n'interviendra en Amérique centrale, on ne voit pas pourquoi cet excellent principe ne devrait pas s'appliquer aussi aux pays communistes de la région. Arrabal vient de célébrer à sa manière l'année Orwell en publiant une *Lettre à Fidel*

Castro, an « 1984 »[3] qui est non seulement une diatribe pleine de verve, mais un texte fortement documenté, comme tous les bons pamphlets d'ailleurs. Il y pulvérise, preuves à l'appui, les mensonges que la propagande castrophile réussit encore à répandre parfois, sur le ravitaillement, la santé publique, l'éducation à Cuba. De son côté, le dernier rapport annuel d'Amnesty International fait état de vingt-neuf fusillés pour opposition au régime.

Le tableau n'est guère plus riant au Nicaragua. Les 7 et 8 septembre 1983 ont eu lieu à Caracas des Journées internationales sur la réalité nicaraguayenne aujourd'hui. On y a entendu déposer des adversaires du régime sandiniste qui sont eux-mêmes d'anciens sandinistes, à l'exclusion de tout ancien partisan de Somoza. Certains d'entre ces témoins ont occupé des postes de premier plan dans l'administration ou le gouvernement durant les deux années qui suivirent la prise du pouvoir. L'un d'eux, membre d'une commission de juristes, maintenant clandestine, évalue à huit mille six cent cinquante-cinq le nombre des exécutions de prisonniers politiques entre le 19 juillet 1979 et le 31 décembre 1982, chiffre assez coquet pour une population de deux millions et demi d'habitants. Un ancien chef de la police politique (qui a fui en détournant un avion vers le Costa Rica) expose que, dans chaque poste

3. Christian Bourgois, éditeur.

important, le titulaire nicaraguayen est flanqué d'un « conseiller » cubain ou soviétique. Bien entendu, la population a été aussitôt mise au régime de la carte de rationnement, qui est moins un moyen de toucher des rations, de plus en plus évanescentes, qu'un moyen de contrôle et de mise en fiches[4].

4. Ce chiffre des victimes de la répression sandiniste au Nicaragua peut sembler trop élevé pour être vraisemblable. Il a cependant été avancé au cours des Journées internationales de Caracas avec maints détails et recoupements par des témoins oculaires ou des enquêteurs bien placés pour recueillir des témoignages. Parmi eux, je citerai Miguel Bolanos, déserteur de la police politique, Léon Nuñez, membre de la commission de juristes que je mentionne, Zacarias Hernandez, secrétaire du syndicat des dockers, aujourd'hui en exil, Adriana Guillen, ancienne sandiniste qui avait fait des stages à Cuba au plus haut niveau avant de travailler au ministère de la Culture à Managua. J'ajouterai la déposition confondante de Stedman Fagoth, chef des Indiens Miskitos, communauté que les régimes précédents, y compris la dictature somoziste, avait laissée vivre en paix dans son coin, selon ses coutumes ancestrales, et que les sandinistes ont persécutée et déportée, pour la contraindre à jouir des bienfaits de la Révolution. Les précédents soviétique, chinois, cambodgien, vietnamien, tibétain, etc. dans l'histoire de la répression communiste devraient nous avoir enseigné que des chiffres de victimes d'abord rejetés comme invraisemblables se sont souvent révélés par la suite encore inférieurs à la réalité. On évalue aujourd'hui, à partir d'extrapolations fondées sur les documents du Parti communiste chinois lui-même, les exécutions politiques en Chine à cinq millions de 1950 à 1952 seulement. Qui aurait à l'époque tenu pour plausibles des chiffres de

Lorsque le groupe de Contadora recommande le recensement des conseillers militaires étrangers dans tous les pays de la région, est-il assez optimiste pour croire que Cuba et le Nicaragua se prêteront à de tels inventaires, qui, comme d'habitude, en pratique, ne seront donc effectifs que pour les conseillers américains du Salvador et du Honduras?

Il existe, hélas! des émeutes de la pauvreté, et légitimes. Mais la guerre insurrectionnelle attisée de l'étranger au Salvador est, par son ampleur, un tout autre phénomène. Aucune aide économique, aucune réforme agraire, aucune élection scrupuleuse ne dissuaderont Soviétiques et Cubains d'essayer d'ajouter le Salvador à la liste des nations communistes. Ils poursuivent leurs objectifs géopolitiques, même dans des pays démocratiques et relativement riches, comme on l'a vu au Venezuela durant les années soixante.

Cette stratégie soviétique ne dispense en rien, j'y insiste, les démocraties développées d'aider

cet ordre ou même d'un ordre de grandeur bien moindre? Dernière précision : la presse et le public français auraient pu entendre et apprécier par eux-mêmes le témoignage des ex-sandinistes Léon Nuñez et Zacarias Hernandez à Paris en octobre 1983, si les deux dissidents nicaraguayens avaient pu venir alors participer aux journées de Résistance internationale, auxquelles ils étaient invités. Mais le gouvernement français leur a refusé leur visa. (Note ajoutée à la présente édition, 1984.)

l'Amérique centrale à trouver plus de stabilité, de justice et de prospérité. Mais s'imaginer que cette aide fera cesser une guerre devenue d'ailleurs elle-même la principale cause de la misère, se figurer qu'une élévation du niveau de vie à elle seule suspendra les feux croisés des escadrons de la mort et des guérilleros, c'est comme croire Georges Marchais quand il dit que les Soviétiques partiront d'Afghanistan dès qu'ils auront réussi à en extirper le droit de cuissage [5].

6 février 1984.

5. Je rappelle pour mémoire qu'en janvier 1980 le secrétaire général du parti communiste français avait justifié la toute récente invasion soviétique de l'Afghanistan par le devoir sacré de corriger les mœurs barbares de ce pays et, en particulier, d'y supprimer le « droit de cuissage », qui, selon les informations personnelles de M. Marchais, y sévissait encore.

LE DÉTOURNEMENT DU SERVICE PUBLIC

La grève des fonctionnaires, le 8 mars 1984, même si elle fut moins générale que ne l'auraient voulu ses instigateurs, a remis en évidence les inconvénients pour les usagers de l'écrasante ampleur de notre service dit public. Se sont arrêtés : tous les transports – urbains et nationaux, ferroviaires et aériens; l'enseignement – celui qui est « public », bien sûr; l'électricité, les postes; les bureaux des ministères, des préfectures et des mairies, c'est-à-dire ces innombrables agents auxquels les citoyens s'efforcent quotidiennement d'arracher les millions de certificats, attestations, autorisations, permis que dégorge la monarchie administrative.

Ont également cessé de fonctionner, ce jour-là, l'enlèvement des ordures ménagères, les hôpitaux (sauf les urgences) et jusqu'à la Comédie-Française! Même la culture n'était plus ce qui restait quand on avait tout perdu.

Que le droit de grève soit intangible, aucun démocrate ne le conteste. Qu'exercé dans le cadre d'un service public et d'un monopole d'État ce droit ait des répercussions qui débordent le rapport entre employeur et employés, c'est tout aussi incontestable. Surtout quand s'agglomère et s'épaissit, par extension de la fonction publique, un monopole des monopoles. En effet : que surgissent des grèves tantôt dans les chemins de fer, tantôt dans les postes, tantôt à la télévision, tantôt parmi les enseignants, cela se supporte un moment. Mais quand une proportion toujours croissante des secteurs d'activité utilise des personnels qui ont pour dénominateur commun la qualité de fonctionnaire, il suffit d'une grève des fonctionnaires en tant que tels pour paralyser tout l'organisme social.

Or ces secteurs, rappelons-le, ont été nationalisés et fonctionnarisés, à l'origine, justement parce qu'on les considérait comme constamment indispensables à la vie du pays, et trop importants pour demeurer entre des mains privées. Puis la logique du monopole a vite recouvert l'exigence du service public. Je ne m'en prends aucunement au droit de grève, je souligne la gravité des cas où ce droit de grève porte dans ses flancs ce que François de Closets a fort justement appelé un pouvoir de blocus.

En quoi les devoirs des agents des grands monopoles dits de service public, qui tiennent à leur merci la vie nationale, sont-ils plus contraignants que les devoirs des ouvriers d'une fabrique d'espadrilles à Plan-de-Cuques? Dans la pratique, en rien. Un de leurs droits est bien le même : grève à volonté. Mais sans aucun risque, à la différence de ces ouvriers.

Une fois qu'on bénéficie d'un statut protégé, on oublie aisément les raisons d'intérêt public qui en ont justifié l'attribution. Mme Thatcher a suscité récemment de virulentes protestations en voulant retirer le droit de grève aux agents des services de renseignement et d'interception des radios et des messages par satellites du centre d'écoute de Cheltenham. Elle arguait qu'une seule journée d'arrêt de ce centre pouvait affecter la sécurité du pays et de l'Otan. Évidemment, on ne conçoit pas de conflit social au sein du KGB de l'autre côté du rideau de fer. Rien n'a pourtant pu faire démordre les syndicats de leur point de vue : en démocratie, même les espions doivent jouir du droit de grève, ce qui pose d'ailleurs des problèmes de conscience délicats dans le cas des agents doubles.

Observons en toute équité que le pouvoir de blocus n'appartient pas aux seuls salariés des services publics. Les paysans ne se privent pas d'y recourir. Témoin aussi l'obstruction des routes et autoroutes françaises en février 1984 par les transporteurs routiers, qui, à leur grève, déjà néfaste pour notre économie, ajoutèrent une flagrante atteinte à la liberté de circuler. C'est vrai. Mais le blocus des chauffeurs n'a rien d'habituel ni d'institutionnel ; ensuite, les chauffeurs, surtout les petits patrons, ont eux aussi pris des risques, payé un coût élevé dans cette opération, et pas seulement le public; enfin, le catalyseur fut une action revendicative et catégorielle de la part d'une poignée de douaniers, qui ont utilisé leur pouvoir de blocus à eux pour précipiter les routiers dans l'exaspération et déclencher la catastrophe.

A quoi tiennent ces abus? A ce que nous confondons service public et monopole d'État, service public et fonction publique.

Il faut d'abord distinguer fonction publique et service public. Aucun État ne peut se passer de fonctionnaires, mais plusieurs États sont morts d'un excès de fonctionnaires. On doit en limiter le nombre et les missions aux fonctions qui découlent réellement de la compétence du pouvoir politique. Dès lors que l'État se charge de mille tâches étrangères à sa nature, il multiplie à l'infini ses agents ou assimilés. La France est le seul des pays industrialisés où la quantité des agents de l'État s'est accrue depuis quelques années au lieu de baisser [1].

Nous nous acheminons vers une ankylose où la fonction publique absorbera un quart de

1. Le gouvernement annonce que le nombre des fonctionnaires va diminuer en 1985. Mais par rapport à quel plafond? En effet, la majorité socialiste a commencé par augmenter d'environ un million le nombre des salariés statutaires. En 1984, les agents de l'État, au sens propre, sont plus de 2 400 000, les agents des collectivités locales (récemment titularisés ou en voie de l'être) 1 500 000, les autres agents publics, 1 100 000. Au total, cinq millions de salariés possèdent un statut de fonctionnaire ou d'agent public.

notre population active [2], proportion caractéristique des pays sous-développés et des grands paralytiques passés ou présents. Empire ottoman, Chine du XVIIIe siècle, URSS. Si nous continuons ainsi, dans vingt ans la moitié des Français passera son temps à faire remplir des formulaires par l'autre moitié.

Il faut distinguer ensuite service public et monopole d'État. La fonctionnarisation de la société française provient de la confusion des deux. Des entreprises peuvent assumer des obligations de service public sans devenir pour autant des monopoles d'État. C'est le cas de nombreuses entreprises de transport ou de télécommunications aux États-Unis ou en Suisse. Le rôle de l'État consiste à les contrôler. Comment peut-il le faire s'il est juge et partie? Ce qui sent le fagot, dans la loi sur la presse discutée depuis l'automne 1983, c'est que l'État est aussi le premier informateur de France : il légifère donc contre des concurrents. Il faut une solide ignorance des principes du droit public pour déclarer, comme le Premier ministre au *Journal du dimanche* (11-3-84) : « Pour ma part, j'estime qu'au milieu de tous les groupes de pression il y en a quand même un qui est légitime, parce qu'il a reçu l'onction du suffrage universel, c'est le pouvoir politique. » La légitimité républicaine assimilée à un groupe de pression...!

2. Si l'on compte les salariés des entreprises nationalisées, un salarié sur trois travaille pour le secteur étatisé.

C'est justement ce qu'elle ne doit pas être. Mais c'est ce qui se produit lorsque tous les services publics deviennent des monopoles d'État. Ces services se laissent glisser sur la pente de ce que l'on a bien nommé l'« abus de position dominante », ou la « philosophie hégémonique du service public [3] ». Le sens de l'intérêt public se perd au bénéfice du corporatisme, et un observateur modéré a pu parler à juste titre de « comportement irresponsable de l'administration des douanes » pour expliquer le « ras-le-bol » des camionneurs [4].

De plus, le rendement de tout monopole, qu'il soit d'État ou privé, a tendance à se dégrader, avec le temps, tout en coûtant de plus en plus cher. Le 2 mars 1984, *le Monde,* qui ne fut jamais par principe hostile à l'extension du secteur public, consacrait une page entière à un choix de lettres de lecteurs exaspérés, sous le titre « La grande colère de nos abonnés devant la carence du service postal ». Colère bien évidemment sans effet, pas plus qu'elle n'en a contre les facturations surréalistes d'EDF-GDF ou contre les redevances que perçoit la télévision pour programmer des quatrièmes diffusions. Imaginez un journal qui resservirait à ses abonnés les numéros de l'année précédente!

Ce qui, dans la querelle scolaire, a précipité,

3. Yves Cannac, *le Juste Pouvoir,* nouvelle édition, Pluriel.

4. Hubert Landier, *Notes de conjoncture sociale,* n° 192.

semble-t-il, l'explosion a été, entre autres causes, que le Parti socialiste a voulu imposer l'enseignement public comme service unique et unifié de l'éducation au moment même où grandissait dans l'opinion le sentiment que cet enseignement public ne faisait plus face à sa mission. Au déclin technique d'un enseignement qui n'enseignait plus grand-chose s'ajoutait, par endroits, le détournement du service public au bénéfice d'une idéologie, le scandale des manuels scolaires transformés en outils de propagande. Il est, soit dit en passant, étonnant, d'un point de vue républicain, d'entendre dire à la fois que l'enseignement public doit prévaloir parce qu'il est seul neutre, et que les enseignants du public ont le droit d'imposer leur volonté au gouvernement parce qu'ils constituent la base électorale de la gauche.

La question que les socialistes ne se sont jamais posée est la suivante : à partir du moment où un domaine vital de l'activité nationale devient un monopole d'État, quel recours a le citoyen s'il n'est pas satisfait des prestations de ce monopole? Aucun. Les socialistes ont toujours été obnubilés par les seuls monopoles du secteur privé, où il n'y en a jamais eu que l'on ne puisse prévenir ou renverser. Ce qui est précisément le rôle de l'État.

Le jugement de la Cour suprême américaine, en janvier 1982, obligeant la puissante compagnie des téléphones Bell à se séparer d'une partie de ses activités, qui furent reprises par d'autres compagnies, en est un exemple récent, et parmi les plus spectaculaires. En revanche, un monopole d'État devient vite irréversible, même en cas de changement de majorité politique, précisément parce que son personnel bénéficie dans la plupart des cas du statut de la fonction publique ou d'un statut voisin.

Ce qu'on appelle « défense du service public », aujourd'hui, est en grande partie la défense des intérêts des agents des monopoles d'État et non des citoyens que ces monopoles sont censés servir. Plus les secteurs couverts par des monopoles d'État se multiplient, plus le citoyen devient impuissant devant leurs insuffisances, voire leur arrêt complet. Plus il y a de *fonction* publique, moins il y a *service* public.

Je ne mets pas en doute la conscience professionnelle des agents des services publics. Hélas! la bonne volonté subjective ne peut rien contre la logique des systèmes. La logique du monopole, qu'il soit, je le répète, privé ou public, est double. En premier lieu, un monopole ne peut pas se réformer tout seul. Quand la Haute Autorité de l'audiovisuel proclame « l'urgence de la modernisation du service public », elle parle en vain. C'est Desgraupes qui a raison : la télévision ne bougera que le jour où il y aura une chaîne privée [5]. En second lieu, un mono-

5. Le président d'Antenne 2 (la deuxième des trois chaînes de la télévision française d'État) avait fait scandale (au sein des milieux officiels, s'entend, pas dans

pole qui fonctionne mal donne toujours tort à l'usager, lequel, mécontent quoique n'ayant pas le choix, devient un rouspéteur d'autant plus éternel que sa rage est impuissante. Odieux individu! La société, voilà l'ennemi...

9 avril 1984.

l'opinion) en proposant de privatiser l'une des chaînes officielles. Le président Desgraupes s'était fait rappeler à l'ordre par la présidente Cotta de la Haute Autorité de l'audiovisuel.

REALKULTUR

Annoncé par M. Régis Debray dans son dernier livre comme une pièce maîtresse de sa « realpolitik de gauche », le « Projet culturel extérieur de la France » est présenté avec fierté par M. Claude Cheysson, ministre des Relations Extérieures, comme une « relance » qui « n'a probablement d'exemple dans aucun autre pays [1] ».

C'est de nos jours une véritable manie que de vouloir exporter ce que l'on ne possède guère. Ainsi l'Union soviétique veut exporter la liberté dans le tiers monde et la prospérité, deux choses dont elle est entièrement démunie. La France veut se placer sur le marché mondial de l'audiovisuel, alors que notre pauvre télévision d'État ne peut même pas alimenter ses propres programmes. Le ministère de la Culture nourrit des ambitions mondiales quand la question du jour est de savoir combien d'élèves dans nos

1. *La Documentation française.*

lycées savent encore lire et écrire. Les auteurs du *Projet culturel extérieur de la France* visent à répandre hors de nos frontières la langue française, dont eux-mêmes étalent dans leur texte un échantillon d'une laideur à faire fuir les plus intrépides bataillons d'aspirants francophones.

La France, nous exposent-ils, s'attribue désormais l'objectif de soustraire la culture aux grandes puissances et aux « déterminations de l'affrontement Est-Ouest » (sans doute veulent-ils parler de *déterminismes,* mais je cesse ici de relever les impropriétés). Nous devons procéder à un « rééquilibrage des termes de l'échange culturel inégal ».

Dans cette harmonie égalitaire, la culture française, qui ne recherche aucune hégémonie, peut remplir une fonction médiatrice.

En lisant plus avant on s'aperçoit vite que ce rééquilibrage est un tantinet déséquilibré et que la contradiction la plus carrée se glisse dans les fameux termes de l'échange. Des deux grandes puissances, seuls les États-Unis sont en réalité pris pour cible. Il est vrai que le modèle culturel soviétique, s'il y en a un, a perdu tout prestige et toute influence. Mais alors il faut en prendre acte et ne pas feindre l'impartialité. Prolongeant les outrances de Jack Lang à Mexico en août 1982 et du colloque de la Sorbonne en février 1983, les auteurs du *Projet* s'en prennent, non sans vulgarité, à l' « homo coca-colens ». L'ennemi suprême de la culture, c'est le capitalisme des sociétés multinationales. En outre, les rédacteurs du texte prennent position, sans aucune réserve, pour les propositions de l'Unesco en vue d'un prétendu « nouvel ordre mondial de l'information », propositions conformes aux thèses soviétiques et dont l'application engendrerait, sous prétexte d'indépendance du tiers monde, un système universel de censure. En dépit de sa profession de foi, le *Projet* est orienté par de très voyants poncifs idéologiques.

Il est également chauvin, quoiqu'il s'en défende. Dire que toutes les cultures se valent, mais que pourtant la nôtre est prédestinée au rôle de médiateur universel parce qu'elle est « partagée par des hommes de tous continents », c'est proclamer avec un aplomb très orwellien que la culture française est plus égale que les autres. Répudier tout impérialisme culturel pour ajouter du même souffle que « l'avenir de la langue française dans le monde ne peut être que solidaire du destin des peuples et promoteur de développement », ce n'est pas exactement placer la France au niveau du tout-venant.

Je souhaite d'ailleurs de tout mon cœur que la connaissance de ma langue maternelle soit aussi répandue que possible, notamment en France. Mais je crains que le dirigisme étatique ne fournisse pas la bonne baguette magique dans ce but. Or, le dirigisme s'ajoute aux nombreuses plaies de notre mirobolant *Projet*. Insatiables d'entités bureaucratiques, les auteurs appellent à en créer de nouvelles à foison. Ils annoncent je ne sais combien de Hauts Comités, Hauts Commissariats, un Comité Interministériel des Relations Culturelles extérieures, un Institut d'Étude des Relations Culturelles extérieures, des États généraux de la Culture, des Collèges Internationaux pleins à craquer, etc. Que de fécondes perspectives offrent ces instances de demain, du moins pour leurs futurs membres, que l'on saura, j'en suis convaincu, choisir avec un amical discernement!

23 avril 1984.

POUR L'EUROPE DES DOUZE

Tout voyageur français en Espagne, au cours de ce printemps 1984, pouvait apprendre chaque matin, en lisant les journaux, qu'il appartenait à la nation la plus méprisable de la Terre, la plus stupide, la plus vaniteuse, la plus inculte. Dans un libelle intitulé *la Crevette justicière*, et dont l'auteur se proclame lui-même sans fausse modestie « ironique et intelligent », on peut lire que les Français ont pour vice suprême la prétention. En outre, ils sentent mauvais. Ils ne possèdent ni littérature ni peinture, ni même cuisine, même pas de capitale, d'ailleurs, Paris n'étant qu'un cloaque.

Ces invectives ne sont pas isolées. Elles incitent à se poser une question : qu'est-ce qui a pu pousser les Espagnols à ce degré d'exaspération? Qu'est-ce qui justifie, le cas échéant, leur accès de francophobie? Ou en quoi est-il injuste? Comment y remédier? Par contraste, l'injurieuse véhémence espagnole met en relief une évolution importante et positive de l'esprit européen. Pour la première fois depuis que les nations européennes se sont formées, les insultes contre l'identité culturelle des voisins ont disparu. La transformation des mentalités est allée plus vite que celles des structures, ce qui est bon signe. Nous ne voyons plus en général de ces diatribes puériles, tel le manifeste dit « des intellectuels », au lendemain de la guerre de 1914-1918, contre lequel protesta Marcel Proust, et où plusieurs beaux esprits français assuraient qu'il n'y avait jamais eu de civilisation allemande! Les conflits d'intérêts restent précisément cantonnés dans la sphère des conflits d'intérêts. Ils ne s'accompagnent plus de ces atteintes vulgaires à la dignité d'autrui qui étaient courantes avant la guerre. La volonté d'avilir a été éliminée par une conscience européenne commune. L'Espagne ferait bien d'y réfléchir, si elle veut y participer.

« Y participer? Mais voilà bientôt dix ans que nous ne demandons que cela! », s'écrie le chœur des voix espagnoles, auquel se joint le Portugal, où, pour être plus discrète, l'amertume n'en est pas moins vive, à force d'attente à la porte de l'Europe, par la faute de l'obstruction française, estime-t-on dans la Péninsule.

Car ces deux pays reprochent à la France avant tout son manque de volonté politique, ou plutôt une volonté hostile à leur entrée. Ils ne nient pas les multiples problèmes techniques posés par cette entrée. Mais ce qu'ils réclament depuis des années, c'est un « oui » de principe, pour des raisons plus morales encore qu'économiques. Ce « oui » doit à leurs yeux consacrer leur intégration au cercle des pays démocratiques. La France le leur a jusqu'à tout dernièrement refusé, sous la pression du secteur le plus archaïque et le plus coûteux pour les Français mêmes : son lobby agricole.

Si ce comportement électoraliste et protectionniste avait toujours prévalu, il n'y aurait pas eu de Traité de Rome, les agricultures française et italienne auraient gardé leurs cent ans de retard, l'Europe ne serait pas devenue la puissante productrice agro-alimentaire qu'elle est. Retarder l'élargissement de la Communauté jusqu'à ce qu'aient été surmontés tous les différends entre ses membres actuels (c'était l'argument de M. Giscard d'Estaing) n'est pas davantage réaliste ni de bonne foi. Cela revient à l'ajourner indéfiniment. Quelle communauté, quelle nation même va sans déchirements? Comment se fait-il que l'on ait admis la Grèce, pour ensuite barrer la route à des pays sans lesquels la continuité du tissu démocratique occidental se conçoit encore plus mal?

Si l'entrée du Portugal dans l'Europe ne se décide pas en 1984, a dit Mario Soares, nous nous orienterons définitivement vers les États-Unis et le Japon.

Avec l'Espagne, le contentieux tourne à la tragédie, et la France y fait office de bourreau héréditaire. Aucun des deux pays ne se met à la place de l'autre. Après notre glorieux « tir direct » sur un chalutier espagnol surpris à braconner dans le golfe de Gascogne, Paris s'est offensé de voir des routiers français agressés en Espagne. C'était oublier un peu vite que depuis plusieurs années nos agriculteurs du Midi viticole prennent d'assaut et incendient chaque été, sans que le gouvernement s'efforce sérieusement de les en empêcher, des dizaines de camions espagnols, dont la cargaison n'est le plus souvent même pas destinée à la France! A la guérilla du colin et de la tomate s'ajoutent la grave mésentente sur le terrorisme et la « complicité passive » que les Espagnols attribuent aux autorités françaises.

Encore le 5 avril 1984, Antenne 2 diffusait un reportage sur le Pays basque qui fut ressenti en Espagne comme une apologie du terrorisme par les journaux de toutes tendances. On n'y entendait que les porte-parole d'Herri Batasuna, pointe visible de l'iceberg de l'ETA militaire, et parti le plus minoritaire au Pays basque. On n'avait invité aucun socialiste, alors que le PSOE constitue la deuxième force politique de la région et la première d'Espagne. Felipe Gonzalez lui-même s'est plaint de ce que la télévision française eût censuré un de ses propros sur les « prétendus réfugiés politiques » de l'ETA.

Car l'arrivée des socialistes au pouvoir à Madrid, paradoxalement, n'a en rien amélioré la compréhension mutuelle. Le PS français, en effet, sacralisant sa propre « union de la gauche », a toujours cru à l'avenir de Santiago Carrillo et pas à celui de Felipe Gonzalez, à l'avenir du Mouvement des forces armées procommuniste au Portugal et pas à celui de Mario Soares, à l'avenir de Berlinguer en Italie et pas à celui de Bettino Craxi. Ces erreurs du dogmatisme ont semé bien des rancunes. La France socialiste les a aggravées à Madrid en nommant de surcroît un ambassadeur d'occasion, maladroit ou malheureux dans sa tâche, Pierre Guidoni, dont le quotidien socialiste de gauche *El País* écrivait, le 10 mars, qu'il est « l'ambassadeur le plus impopulaire qui ait foulé cette terre depuis qu'en est parti, voilà plusieurs lustres, l'Américain Hill » et qu'il constitue « un obstacle supplémentaire aux relations déjà difficiles entre Madrid et Paris ».

Cependant, même pour qui cherche à comprendre leurs griefs, les Espagnols s'égarent quand ils finissent par voir dans la France la source unique de leurs maux. Ils ne sont pas français, que je sache, les évêques de Saint-Sébastien et de Pampelune qui, en mars dernier, ont condamné publiquement l'action de la police, parcc qu'au cours d'un affrontement elle avait abattu, de nuit, quatre terroristes surpris en train de débarquer des armes et des explosifs dans le petit port de Pasajes. Pas plus que ne sont français les électeurs, encore relativement nombreux, qui, quelques semaines auparavant, avaient accordé leurs voix à Herri Batasuna, bien que les sympathies pour l'ETA aient diminué dans l'ensemble de la population basque. Quant à l'aide fournie aux terroristes par l'Est, par la Libye, Cuba, le Nicaragua, aucune démocratie n'a encore eu le courage ou trouvé le moyen de l'empêcher. Pas plus l'Espagne que la France.

Bien sûr, même si le chalutier espagnol canonné par notre navire se trouvait en infraction, il semble peu politique et fort ridicule d'avoir sévi par le fer et le feu dans un moment d'aussi grande tension psychologique. Surtout quand notre Premier ministre estime, en revanche, véniel que des aviateurs soviétiques, quoique rappelés plusieurs fois à l'ordre par la tour de contrôle, survolent une zone militaire interdite, à Toulon. Si je comprends bien, les secrets du merlu sont plus sacrés que ceux de la défense.

Mais, de son côté, l'Espagne manque de sérieux lorsqu'elle refuse de comprendre que des violations massives et répétées du droit de la mer par ses pêcheurs constituent une mauvaise carte de visite pour sa candidature au Marché commun. Justement parce que les Espagnols possèdent la plus nombreuse flottille de pêche d'Europe et en sont les plus gros consommateurs de poissons, ils doivent se faire à l'idée que leur adhésion à la « communauté bleue » ne sera pas simple et que les perplexités d'autrui n'ont rien de scandaleux. L'Espagne, elle aussi, aura des drames de prix agricoles, d'excédents laitiers ou céréaliers. L'éclatement d'un système protectionniste ne va jamais sans douleur, même s'il est indispensable à la modernisation de l'économie de la Péninsule.

D'autre part, le gouvernement socialiste espagnol s'est enfermé dans un piège à propos de l'Otan. L'Espagne est devenue membre de l'Otan, à la suite d'un vote en bonne et due forme du Parlement, au printemps de 1982. Au même moment, les socialistes promettaient de remettre en question cette adhésion par un référendum populaire s'ils arrivaient au pouvoir. Aujourd'hui à la tête du gouvernement, Felipe Gonzalez veut néanmoins rester dans l'Otan et souhaite ajourner ce référendum, qu'il craint de perdre et qu'il n'avait promis, dans l'opposition, qu'à titre de concession à sa gauche idéologique. Il sait fort bien que la neutralité armée coûte beaucoup plus cher que la contribution à une alliance, et que la participation à une défense atlantique vaut mieux pour son pays qu'un traité bilatéral avec les États-Unis. Mais les imprudences verbales des congrès d'antan lui ligotent les mains. Quelle absurdité ce serait pour Madrid de déserter la défense européenne au moment même où elle veut entrer dans l'Europe économique et politique! Une telle contradiction ne tire guère à conséquence pour l'Irlande, elle ne convient pas à un grand pays comme l'Espagne.

« Nous autres Espagnols, devenus libres, écrit Juan Tomás de Salas, l'éditorialiste de l'hebdomadaire *Cambio 16*[1], après tant d'années sans parler ni penser, nous sommes des néophytes complets sur la scène politique internationale, nous sommes comme un enfant de huit ans. » Humilité excessive, à mon avis, mais autocritique salutaire. On peut penser, en effet, que l'accession à la maturité internationale doit maintenant couronner en Espagne l'accession à la démocratie interne, qui a eu lieu précisément... il y a huit ans.

Aujourd'hui, nous devons ensemble surmonter tous les drames passionnels, c'est-à-dire froidement les décomposer en leurs éléments techniques. François Mitterrand aussi bien que Simone Veil, la majorité comme l'opposition, ont en France proclamé la nécessité d'une entrée de l'Espagne et du Portugal dans l'Europe. La réalité historique, c'est que ni l'économie de l'Europe, ni son avenir politique, ni sa défense, ni son indépendance ne sont concevables sans l'Espagne et le Portugal. Que la vision historique s'élève donc à la hauteur de la réalité historique – et que l'action politique les suive sans plus tarder!

7 mai 1984.

1. 26 mars 1984.

REVENONS À L'INSTRUCTION PUBLIQUE

Des voix s'élèvent, ces derniers temps, pour s'indigner d'un prétendu complot visant au « dénigrement » de l'enseignement public. Ainsi donc, les auteurs de tant de livres qui décrivent, preuves à l'appui, notre déclin scolaire et universitaire seraient tous malhonnêtes et mal informés, de Maurice Maschino à Laurent Schwartz, en passant par Jacqueline de Romilly ou Despin et Bartholy, les auteurs du savoureusement tragi-comique *Poisson rouge dans le Perrier?* Ainsi, de même, le public qui se précipite sur ces livres – car jamais livres traitant de l'école n'avaient été, en aussi grand nombre, des succès de librairie – ce public serait guidé non par une inquiétude sincère, mais par un penchant pour la calomnie?

Le corps enseignant, nous dit-on, a surmonté à son honneur les difficultés surgies de la prodigieuse augmentation des effectifs, depuis vingt-cinq ans. N'en doutons pas. Mais le problème n'est plus du tout là. La cause de la décadence que l'on constate depuis environ dix ans et de l'effondrement irrémédiable que l'on nous prépare, c'est une doctrine des plus officielles, une option délibérée, selon laquelle l'école ne *doit* pas avoir pour fonction de transmettre des savoirs. Qu'elle n'en transmette plus aucun, c'est déjà fait dans l'école élémentaire, où tout enseignement au sens propre est d'ailleurs désormais formellement interdit. C'est en cours d'achèvement dans le secondaire, grâce à la réforme Legrand. C'est imminent dans le supérieur, d'où la réforme des universités finira par éliminer la sélection des enseignants selon la compétence.

Un nouveau livre, *De l'école*, de Jean-Claude Milner [1] nous amène à considérer la genèse de ce monstre curieux : une école où il est défendu d'enseigner, où l'élève ne doit rien apprendre, où le professeur peut ignorer ce qu'il enseigne, et ce dans les trois degrés de l'enseignement public. Idéal ambitieux, certes, que l'on n'a pas encore tout à fait atteint, mais qui se trouve en bonne voie de réalisation. Que l'on ne croie pas à une boutade : l'ignorance fait de nos jours à l'école l'objet d'un culte voulu, dont les justifications s'étalent dans maints textes et directives. L'école doit cesser d'être le lieu de la transmission des savoirs pour devenir une sorte de phalanstère « convivial », de « lieu de vie » où se déploie « l'ouverture à autrui et au monde ». Le

1. Le Seuil.

fameux « tutorat » de l'ineffable rapport Legrand rétablit la direction de conscience, il tend à insuffler à l'élève avant tout des « pré-requis affectifs », selon son jargon caractéristique.

Cet escamotage du savoir découle de l'action persévérante de ce que Jean-Claude Milner appelle la « Corporation », c'est-à-dire le Syndicat national des instituteurs et des professeurs d'enseignement général des collèges (SNI-PEGC). Ces derniers ne sont en fait que des « instituteurs dopés », selon l'appréciation de Despin et Bartholy. La Corporation a déjà réussi à coloniser le secondaire, où enseignent ces « instituteurs dopés » qui n'ont même plus la valeur des instituteurs de l'ancien primaire. La même Corporation vise maintenant le supérieur : il s'agit d'y abolir le critère, jugé réactionnaire, de la compétence. La Corporation veut le monopole : monopole vertical, dans les trois ordres d'enseignement; monopole horizontal, en tuant l'école privée. C'est pourquoi, dit Milner, « le thème de la laïcité n'est qu'un leurre. [...] La laïcité est la forme, historiquement datable, de la liberté de pensée : comment une telle liberté pourrait-elle occuper des individus qui détestent la pensée et craignent les libertés? »

L'impérialisme de la Corporation s'est associé à l'idéologie et à la fausse pédagogie élaborées dans les milieux du SGEN (syndicat CFDT, chrétiens de gauche), qui veut supprimer l'échec scolaire en supprimant l'école, ou du moins l'instruction à l'école. Jean-Claude Milner décortique avec une impitoyable précision cette combinaison culturelle qui a débouché sur la négation de la fonction enseignante de l'enseignement.

Le monde scolaire se trouve si bien à l'envers que, par une démarche paradoxalement toute naturelle, plusieurs associations de professeurs, dont l'ADE (Association de défense de l'enseignement), viennent d'écrire au chef de l'État pour lui demander de réaffirmer dans l'école publique... la primauté de l'instruction [2].

21 mai 1984.

2. Une forme du carcan étatique imposé à l'instruction est la « carte scolaire », qui serait mieux nommée *carte forcée*. Elle signifie en effet l'interdiction aux parents d'inscrire leurs enfants dans un établissement situé hors de leur arrondissement ou canton, même si l'établissement plus éloigné a meilleure réputation. Comme toujours, cet égalitarisme aggrave les inégalités. Les plus puissants tournent les règlements grâce à leurs relations. Les plus aisés se font domicilier fictivement dans les parages de l'établissement convoité. Les autres subissent la prédestination topographique.

POUR EN FINIR AVEC YALTA

> La diplomatie russe reposait... sur la lâcheté des hommes d'État de l'Occident...
> ... Comptant sur la lâcheté et la timidité des puissances occidentales, il (le tsar) intimide l'Europe et exagère ses prétentions afin de paraître généreux quand il se contente ensuite de ce qu'il voulait atteindre immédiatement...
>
> KARL MARX, *Œuvres politiques.* [1]

Les Européens savent-ils pour quelle Europe ils vont voter le 17 juin ? L'Europe a-t-elle une image claire d'elle-même? Pas encore, et c'est sans doute à cette imprécision qu'il faut attribuer le manque d'intérêt apparent des électeurs, dû, je crois, plus à la perplexité qu'à l'indifférence. Pourquoi la vision que l'Europe a d'elle-même est-elle confuse? Il faut, pour le comprendre, remonter aux origines de cette vision, c'est-à-dire, « monstres dont à regret je

1. Éd. Costes, t. III, pp. 71, 93.

cite ici le nom [2] », à Yalta et à sa confirmation de 1975, Helsinki.

A quoi bon se livrer à de l'archéologie diplomatique? objectera-t-on. Pour trois raisons : c'est à Yalta, en 1945, que naissent les problèmes avec lesquels nous vivons encore, l'assujettissement de l'Europe centrale aux Soviétiques et la division de l'Allemagne; c'est à partir de Yalta que se cristallisent la plupart des idées fausses qui vont influencer la diplomatie européenne jusqu'aujourd'hui; c'est Yalta, enfin, qu'évoquent rituellement les dirigeants occidentaux quand ils ont besoin de justifier leur passivité devant un nouveau coup de force soviétique.

Certains d'entre eux, comme le fit en 1981 le président Mitterrand, parlent quelquefois de la nécessité de « sortir de Yalta ». Mais sortir de quel Yalta? Du Yalta réel, ou de la légende? Sortir de la réalité, cela voudrait dire remettre en question la mainmise soviétique sur l'Europe centrale, qui n'est le résultat ni de traités en bonne et due forme, dotés d'une valeur quelconque en droit international, ni d'un libre choix des États concernés, ni du droit des peuples à disposer d'eux-mêmes. Sortir de la légende de Yalta, cela voudrait dire extirper le mythe d'un partage de l'Europe entre les Soviétiques et les Anglo-Saxons, d'un « condominium » attribuant aux Américains et aux Soviétiques des sphères

2. Racine, *Bérénice*, acte II, scène 2.

d'influence dans lesquelles leurs prépondérances respectives pèseraient de façon identique.

S'agit-il donc de s'affranchir d'un tel « condominium » supposé réel, c'est-à-dire de prôner contre les Américains une Europe occidentale neutraliste, selon toute vraisemblance promptement soumise à l'Union soviétique? Ou bien s'agit-il de dissiper le mensonge du partage? Pour élucider et, si possible, exorciser Yalta, on doit tenir compte aussi, je dirai même peut-être en premier lieu, du point de vue des habitants de l'Europe centrale. Ils estiment avoir été livrés à Staline par les Britanniques et les Américains. On ne saurait les condamner d'en juger ainsi. Mais, vu les positions militaires sur le terrain en 1945, les Occidentaux, semble-t-il, ne pouvaient guère contrarier les ambitions soviétiques.

Dans la conception de Moscou, tout pays libéré par l'Armée rouge devait devenir communiste. « Quiconque occupe un territoire y impose son propre système social, aussi loin que son armée peut avancer », déclare Staline à Djilas en avril 1945 [3]. Les Occidentaux s'attachèrent donc à limiter cette poussée annexionniste. Selon la formule de Jean Laloy, à Yalta, « il y eut non partage, mais barrage [4]. » D'aucuns trouvent que le barrage fut un peu élastique, mais il faut savoir que, dans l'esprit de Staline,

3. Milovan Djilas, *Conversations avec Staline*, Gallimard.

4. *Commentaire*, n° 17, printemps 1982.

l'occupation de l'Europe centrale ne constituait qu'une première étape à sa domination sur l'Europe tout entière. D'où le combat de Moscou et les campagnes forcenées des PC occidentaux contre le plan Marshall, le Pacte atlantique et, plus tard, le Marché commun : bref, tout ce qui contribuait à placer l'Europe de l'Ouest hors de l'allonge soviétique.

Est-ce une illusion de croire que les Britanniques et les Américains auraient pu obtenir à Yalta plus qu'ils n'ont obtenu? Si les négociateurs occidentaux s'étaient bornés à une analyse réaliste du rapport des forces avec l'allié dévorateur pour négocier de la façon la plus serrée possible avec lui, ils eussent pris davantage de précautions et abandonné moins spontanément au seul Staline l'avenir de tant de territoires et de peuples. Mais ils sont arrivés à Yalta imbus d'une philosophie sur la vocation démocratique de l'Union soviétique, la générosité de Staline, son respect de la parole donnée, sa modération foncière, etc.

Cette délicatesse de sentiments les prédisposait fort peu à lutter pied à pied en faveur des nations que l'Armée rouge n'était en train de délivrer de l'occupation nazie que pour les asservir à son tour. Le trait original de Yalta est que, pour la première fois à ce degré dans l'histoire de la diplomatie, des négociateurs abandonnent toute méfiance, se font eux-mêmes entre eux les meilleurs avocats de l'autre camp. Vision angélique du système soviétique et de l'individu Staline, si éloignée des faits qu'elle en devient souvent comique. Les citations abondent, de Roosevelt, Hopkins, Eden, Harriman, Davies ou Stettinius, du temps de Yalta ou juste après, qui déclenchent le fou rire avant de provoquer l'accablement.

Évitons l'injustice de condamner une politique à la lumière d'éléments d'appréciation que l'avenir seul devait dégager. Mais les négociateurs de Yalta ont ignoré d'autres faits bien tangibles dont ils avaient ou pouvaient avoir connaissance. Leurs propres préjugés, non le rapport des forces, les ont empêchés d'en tenir compte. Ainsi, et sans doute est-ce là le fait fondamental de Yalta, ils ont établi un modèle de négociation avec l'Union soviétique qui a fait école par la suite en Occident, puisqu'il s'est perpétué jusqu'à nos jours.

Ce modèle a pour principe que nous autres Occidentaux devons nous mettre à la place des Soviétiques, pénétrer leurs intentions non pour nous mieux défendre mais pour deviner d'avance la concession qui les disposera favorablement à notre égard, dans l'espoir de les inciter à une éventuelle réciprocité. Selon cette conception, la responsabilité de l'initiative revient toujours à l'Occident. Le devoir lui incombe de déceler les causes de l'irritation soviétique et d'y remédier, fût-ce contre sa propre sécurité. Surtout, nous devons nous interdire de jeter le moindre regard sacrilège sur la chasse gardée soviétique, sous peine de « violer les accords ».

En revanche, quand l'Union soviétique, elle, trahit ses engagements, envahit ou déstabilise un pays, commet une action particulièrement féroce, cela ne viole aucun accord, semble-t-il. Bien mieux : cela provient sans doute de ce que nous autres Occidentaux avons sur un point quelconque failli à notre obligation, déçu en quelque manière l'attente dc l'URSS. Ce canevas des relations Est-Ouest s'est fixé à partir de Yalta. La méthode a connu son couronnement à Helsinki en 1975 et dans les « années folles » qui ont suivi.

En substance, Yalta, confirmé par Helsinki, était un marché par lequel les démocraties sacrifiaient sans gloire la liberté de l'Europe centrale en échange de la tranquillité pour elles et de la renonciation soviétique à toute politique agressive à l'égard de l'Europe occidentale. Ce troc a échoué, c'est fort clair aujourd'hui [5].

Le troc a échoué, d'abord, parce que les peuples d'Europe centrale ne l'ont pas accepté. Depuis plus de trente ans, ils ne cessent de s'agiter, de résister, de se révolter. En fait, le continent européen n'est pas divisé en deux, il est divisé en trois. Entre l'Union soviétique et nous existe une troisième Europe, qui ne se résigne pas et dont la rébellion chronique dérangera toujours les compromis occidentaux avec l'occupant. C'est bien l'insoumission du

5. Ce fut le thème d'un colloque organisé les 14 et 15 mai 1984 par Résistance internationale (section Europe) à Paris.

peuple polonais, depuis 1980, qui a donné le coup de grâce à la pseudo-détente. Nous ne pouvions ni l'aider ni l'abandonner, mais nous ne pouvions non plus feindre plus longtemps de croire que les Soviétiques respectaient les accords d'Helsinki. Ne nous faisons pas de nouvelles illusions : la troisième Europe ne se calmera jamais.

Le compromis a échoué aussi parce que l'URSS n'a pas renoncé à sa politique agressive à l'égard de l'Europe de l'Ouest, contrairement à ce que prétendent ses partisans, même en pleine période dite de « détente ». Surarmement, dont l'initiative, n'en déplaise aux pacifistes, a été prise par l'Est, menaces, manipulation du terrorisme et du pacifisme, invasion des eaux territoriales d'un pays neutre, la Suède, par des nuées de sous-marins, pillage technologique et espionnage décuplés, déstabilisation à partir du Sud (Afrique, Liban), tentatives ouvertes de peser sur les processus électoraux, on ne compte plus les moyens mis en œuvre par l'URSS pour briser la volonté d'indépendance politique et de défense de l'Europe démocratique.

Il apparaît donc que le vote du 17 juin, malgré les inévitables interférences entre politique intérieure et affaires européennes, sera beaucoup plus qu'un vote sur le Marché commun. Les opinions publiques et des hommes d'État aussi divergents, par ailleurs, que Jacques Chirac, Valéry Giscard d'Estaing et François

Mitterrand sont conscients de la nécessité pour l'Europe occidentale d'une volonté politique unifiée et d'une défense commune.

Quels peuvent être les objectifs de cette Europe d'un " après Yalta "? On peut en énumérer cinq. D'abord, faire perdre à l'Union soviétique, par notre fermeté, tout espoir de s'agrandir ou d'étendre son influence à l'Ouest. En deuxième lieu, organiser et renforcer l'Europe et sa défense de telle sorte que l'URSS comprenne que cet espoir est réellement chimérique et qu'elle doit y renoncer, par réalismc pur. Ensuite, ne plus se cacher que les agressions soviétiques sur les autres continents n'en sont pas moins des agressions contre nous, et signifier à l'URSS que nous la tenons pour responsable des actes de ses mercenaires. Contrairement à des illusions tenaces, il n'existe pas de rapports Nord-Sud spécifiques, du moins qui ne se redistribuent pas inéluctablement en rapports Est-Ouest. Quatrième objectif : soutenir et diffuser la démocratie dans le monde. Enfin, pratiquer sur ces bases une vraie détente avec l'URSS, c'est-à-dire une détente fondée non pas sur l'abus de confiance et le chantage de sa part, mais sur d'authentiques négociations, visant le plus possible à venir en aide aux peuples d'Europe centrale, et en priorité à régler la question allemande.

Yalta n'a jamais constitué le coup d'envoi d'une « politique des blocs », de deux blocs symétriques, mais bien l'acte de naissance du seul bloc réel, le bloc soviétique. Pour manifester avec clarté cette nouvelle analyse des rapports Est-Ouest, il n'y a plus aucun inconvénient à ce que les Occidentaux dénoncent officiellement les accords de Yalta et d'Helsinki. De toute manière, les Soviétiques ne les ont jamais respectés, et les obligations qu'ils y ont contractées n'ont jamais existé à leurs yeux. Ces accords sont donc, de fait, caducs. Pourquoi ne pas le dire?

4 juin 1984.

LA PLAIE DU TIERS MONDE [1]

Depuis que s'est ouverte une nouvelle remise en cause du tiers-mondisme [2], on ne peut dire que le débat ait progressé en clarté ou en sérénité. La confusion s'accentue entre bonnes intentions et idées justes, action efficace et propagande politique. Les pires outrances rhétoriques, sans l'ombre d'une preuve scientifique, donnent le beau rôle à ceux qui s'y drapent noblement et qui en font commerce, mais, hélas! tiennent en échec les analyses sérieuses,

1. A propos de *Mirage égalitaire et tiers monde,* de P. T. Bauer, PUF; *A l'épreuve du pouvoir; le tiers-mondisme, pour quoi faire?* de Jean-Pierre Cot, le Seuil; *les Faubourgs de l'Histoire, tiers-mondismes et tiers mondes,* de Gérard Chaliand, Calmann-Lévy; *Hommes du Sahel,* de Jean Gallais, Flammarion; *Le tiers monde peut se nourrir. Rapport au Club de Rome,* de René Lenoir, Fayard; *la Main et l'outil; le développement du tiers monde et l'Europe,* d'Edgard Pisani, R. Laffont.

2. En particulier avec le livre de C. Rangel, *l'Occident et le tiers monde,* 1982, R. Laffont, plus souvent pillé que cité.

les connaissances vérifiables, et donc les remèdes possibles.

La confusion commence dès la définition de ce qu'il faut entendre par « tiers monde » et « tiers-mondisme ». Tandis que Gérard Chaliand dresse avec toute sa compétence et son expérience le « constat de la mort de l'utopie tiers-mondiste », deux hommes politiques, Jean-Pierre Cot et Edgard Pisani, n'en persistent pas moins à se proclamer « tiers-mondistes et fiers de l'être ». Tout espoir d'y comprendre quoi que ce soit se trouve donc d'emblée compromis, car que faut-il entendre par ces mots? Si « tiers-mondisme » veut dire détermination d'aider les peuples les moins avancés à sortir de leur pauvreté, alors qui n'adhère à ce tiers-mondisme-là?

Mais, nul ne l'ignore, « tiers-mondisme » désigne en réalité une idéologie bien précise, dont les partisans prétendent détenir à la fois l'explication exhaustive et la cure miracle du sous-développement. Le responsable de la pauvreté, pour eux, c'est le capitalisme international, héritier du colonialisme, générateur de l' « échange inégal » et qui « manipule les cours des matières premières ». On est sur ce point un peu surpris de voir la facilité avec laquelle des responsables politiques aussi informés que MM. Cot et Pisani semblent croire que quelques individus tapis dans l'ombre font varier à leur gré les cours mondiaux. M. Pisani a même eu droit et cru au numéro très au point que le président de la Zambie sert depuis des années à tous ses visiteurs pour expliquer par les spéculations des multinationales les catastrophes dues à l'ineptie de sa propre gestion.

Si c'est au capitalisme que l'on doit les inégalités de développement, il faut donc supprimer le capitalisme. Or c'est là que le tiers-mondisme commence à rencontrer ses contradictions internes. En effet, tous les pays dans lesquels on a supprimé le capitalisme (Guinée, Vietnam, Madagascar, Cambodge, Ethiopie, Tanzanie...) sont tombés dans un abîme de pauvreté pire que tous les autres. L'Angola et le Mozambique, qui ont roulé sur cette pente, en sont réduits à se tourner vers l'Afrique du Sud pour mendier l'aide capitaliste! Edgard Pisani écrit d'ailleurs catégoriquement que les pays du tiers monde n'attendent plus rien « ni du socialisme comme modèle ni de la Russie soviétique comme puissance tutélaire ».

Qui va alors investir dans le tiers monde, sinon les multinationales? D'accord, diront les tiers-mondistes, à condition qu'elles ne fassent pas de bénéfices. On voit la logique d'une pensée qui préconise l'investissement à perte, c'est-à-dire la ruine des investisseurs, qui sont en même temps les clients, comme principe de décollage économique! C'est d'autant plus absurde que, contrairement à une désinformation tenace, la plupart des profits des multinationales se réinvestissent sur place.

Même quand on investit à perte, au demeurant, cela ne satisfait pas non plus les tiers-mondistes. Car qu'est le fameux endettement du tiers monde, qui préoccupe tant les gouvernements occidentaux et les financiers, sinon la conséquence d'un investissement à perte? Or, loin de calmer les tiers-mondistes, il constitue un nouveau grief entre leurs mains. Les prêteurs qui demandent quelques garanties de bonne gestion avant de consentir de nouveaux prêts sont, paraît-il, des impérialistes néo-coloniaux. Pourtant, observe avec bon sens P. T. Bauer, « les dettes extérieures du tiers monde ne sont ni le résultat ni le reflet d'une exploitation : elles représentent des ressources qui lui ont été fournies. »

Admettons que l'essentiel des crédits accordés au tiers monde doive être soustrait aux lois du marché. Ils devront alors prendre la forme exclusive d'une assistance d'États à États, bilatérale ou multilatérale. Cette procédure officielle soulèvera, hélas! le problème de la compétence et de l'honnêteté des États bénéficiaires. Problème d'autant plus épineux que les dirigeants de ces États doivent rarement leur poste à un choix populaire. « Il est scandaleux de dire que le tiers monde est peuplé d'incapables », proteste M. Pisani. Mais qui a jamais dit une telle sottise?

En bon homme politique qu'il est, M. Pisani croit que l'on confond tiers monde et classes politiques du tiers monde. Ces classes politiques, d'ailleurs, ne sont pas du tout composées d'incapables, mais de gens qui servent très habilement leurs propres intérêts de classe. Ils utilisent les crédits, en effet, pour favoriser des types de réalisations économiques destinés moins à faire monter le niveau de vie des populations qu'à renforcer leur pouvoir sur ces dernières. Tout ce qui est étatique a donc la priorité sur les besoins élémentaires de la population. De façon générale, on a trop sous-estimé les facteurs politiques locaux comme freins au développement. Aussi bien Cot que Pisani, certes, critiquent avec pertinence les aberrations passées, les panacées uniformes, les programmes industriels mégalomanes. Au contact du concret, l'un comme ministre de la Coopération, l'autre comme commissaire européen pour les problèmes du développement, ils entrevoient l'impossibilité du développement artificiel, dopé de l'extérieur, et la nécessité de revenir se pencher sur la particularité de chaque région, presque de chaque village.

C'est également le raisonnement de René Lenoir. D'ailleurs, c'était déjà le thème d'un précédent rapport du Club de Rome, en 1975, l'étude de Mesarovic et Pestel sur les diverses zones hétérogènes du tiers monde. Pour comprendre l'infinie diversité de notre planète et de notre espèce, le particularisme extrême de chaque cas, il faut lire *Hommes du Sahel,* de Jean Gallais. Sur l'exemple d'une région et d'un groupe de populations précis, on y saisira dans le détail combien il paraît vain parfois de vouloir greffer un genre de croissance préétabli sur des ressorts millénaires qui la rejettent. M. Gallais, un spécialiste de la géographie tropicale, va jusqu'à risquer l'hypothèse qu'entre le développement et le sous-développement il existe peut-être encore un autre stade de comportement : le non-développement.

Pendant combien de temps encore le tiers monde va-t-il continuer à servir d'écran de projection aux luttes entre les factions idéologiques du monde riche? Pendant combien de temps encore va-t-il servir de support aux bureaucraties parasitaires des organismes internationaux censés les secourir? Pendant combien de temps encore le « dialogue » avec le Sud s'adressera-t-il uniquement aux cliques politiciennes locales qui s'intéressent à leur seul pouvoir et nullement au bien-être de leurs compatriotes? Pendant combien de temps encore les exhibitionnistes des « campagnes contre la faim » et autres « théologiens de la libération » confondront-ils les besoins de leur propre narcissisme avec ceux des peuples pauvres? Voilà quelques questions dont dépend l'avenir du tiers monde. La lutte contre la pauvreté et la lutte contre l'imposture ne font souvent qu'un.

28 mai 1984.

LE REJET DE L'ÉTAT [1]

Que grandisse aujourd'hui, dans les pays industriels et même dans le tiers monde, une propension au rejet de l'État ne peut se nier. On a le droit de se gausser du simplisme de la querelle autour du « moins d'État » ou « plus d'État ». Mais on aurait tort de méconnaître la force du courant d'opinion hostile à la mégalomanie de l'État, courant international au point que non seulement la Grande-Bretagne conservatrice de Mme Thatcher, mais les gouvernements à direction socialiste du Portugal, de l'Espagne, de l'Italie, commencent à se poser en termes pratiques la question de la dénationalisation partielle de secteurs publics qui n'auraient jamais dû le devenir.

1. A propos de : *Le Capitalisme de l'État en France, modernisation et dirigisme au XXe siècle,* de Richard Kuisel, traduit de l'anglais par André Charpentier, préface de Jean-Noël Jeanneney, Gallimard. *La Liberté à refaire,* ouvrage collectif présenté par Michel Prigent, Pluriel.

Après l'élection de 1981, en France, et la rafale de nationalisations qui s'ensuivit, la presse étrangère, à la différence des libéraux français, parla moins de rupture que de continuité. Après tout, depuis longtemps déjà l'État français ne gérait-il pas peu ou prou l'économie? Exact. De plus, l'opinion penchait avec constance en faveur des nationalisations et de tout ce qui conférait à la puissance publique des attributions étendues. Soudain, vers la fin de 1983, cette tendance s'inversa. Pour la première fois depuis la Seconde Guerre mondiale, les Français se mirent à déclarer faire confiance, pour sauver l'économie, plus à l'entreprise privée qu'au secteur étatisé. Dans d'autres domaines, l'enseignement ou la presse par exemple, l'hostilité au monopole étatique ou à des réglementations autoritaires dépasse désormais fréquemment 70 % des opinions. Que s'est-il donc passé?

Pour le comprendre, il faut d'abord connaître la provenance, les causes, l'évolution, les intentions, les objectifs de ce dirigisme d'État. Peu de livres récents nous y aident autant que *le Capitalisme et l'État en France*, de Richard Kuisel, livre où la compétence érudite se fond dans une élégante clarté. Grâce à l'historien américain, ce n'est pas seulement l'histoire économique de notre siècle, c'est son histoire tout court, que nous revoyons d'un œil frais, avec son mélange indissociable de données matérielles, de constructions politiques, de facteurs psychologiques. Et d'événements militaires aussi : car la guerre de

1914-1918 poussa, comme le veut toute économie de guerre, à une coopération entre les industriels et l'État, à des prévisions de production, à des répartitions, à des contrôles. C'est après cette guerre qu'apparaît l'expression d'« économie mixte ». On voit qu'elle n'est pas une nouveauté... [2]. C'est vers 1930 que naissent les mots « technocratie », « planisme » et aussi « dirigisme », à la suite du livre pionnier de Bertrand de Jouvenel, *l'Économie dirigée* (1928).

Cependant, le ferme propos de diriger pour de bon l'économie surgit de l'humiliation de la défaite en 1940. Vichy, aussi bien que la Résistance, attribua l'effondrement sur le champ de bataille à un effondrement plus profond de la puissance industrielle, de la démographie, des techniques, du désir de créer. A côté des patriarches archaïsants, qui prêchaient le « retour à la terre », les ministères de Vichy comptaient nombre de modernes technocrates, dont le tort immense fut de croire qu'ils pourraient revivifier la France sous l'occupation ennemie, mais dont les idées pour le renouveau d'après la guerre différaient assez peu de celles des Résistants. « Se rejoignant dans un commun rejet de la IIIe République, écrit Kuisel, les uns et les autres contribuèrent à entraîner la France vers une nouvelle configuration de son économie. »

Dès lors que furent repoussés en 1945 les plans

2. Voir plus haut p.12.

maximalistes de passage au socialisme, restèrent les deux idées principales des organisateurs résistants ou vichystes : l'économie française doit être dirigée selon un plan, l'économie française a besoin de se moderniser. Les nationalisations de l'après-guerre furent conçues comme les outils de ce dirigisme modernisateur et non point comme l'amorce d'une révolution dans le régime de la propriété. Le premier commissaire au Plan, Jean Monnet, associa les chefs d'entreprise à l'élaboration du Plan, si bien que, par la suite, ses directives n'étaient plus accueillies comme d'absurdes diktats. L'état d'esprit de ce dirigisme de l'« économie concertée » (l'expression est d'Étienne Hirsch, successeur de Jean Monnet) s'écartait sans équivoque de toute visée de collectivisation proche ou lointaine et de « déprivatisation » de l'économie. Les planificateurs ne prétendaient pas se substituer à l'entreprise et au marché, ils entendaient les compléter en apportant la précision dans l'analyse, la vision d'ensemble, l'imagination prospective à un patronat auquel ces capacités manquaient trop souvent. « La planification française, dit Kuisel, prit un caractère néo-libéral. Elle devenait un facteur de croissance économique plutôt qu'une avancée vers le socialisme. »

Aussi commet-on une erreur en interprétant le « changement » de 1981 comme une simple accentuation du vieux penchant dirigiste français. Ce qui inspire les transformations réalisées ou projetées depuis 1981, c'est avant tout le souci de renforcer le pouvoir de l'État en tant qu'outil d'un changement de société. Si l'État s'annexe tant de sphères d'activité, ce n'est plus, comme dans la période précédente, avec l'idée ou l'illusion qu'elles vont mieux fonctionner sous sa coupe : c'est pour qu'elles ne fonctionnent pas en dehors de lui. C'est pour supprimer les uns après les autres les obstacles qui limitent son pouvoir. Les nationalisations ne se justifiaient pas économiquement, l'expérience le prouve assez. L'État ne peut pas gérer directement cette pléthore, mais il ne saurait non plus se résoudre à la laisser gérer, comme le montre la « valse des Pdg », car il devrait alors abandonner du pouvoir. Or, dans la conception de la présente majorité, l'économie doit servir le pouvoir, et non l'inverse, comme les usagers deviennent les serviteurs des services publics, et non l'inverse. L'enseignement aussi doit servir le pouvoir : d'où la recherche du monopole. La presse aussi : d'où la loi sur la presse, qui réintroduit sous un déguisement le système de l'autorisation préalable aboli en 1881. La recherche même devient fonctionnarisée et le pouvoir politique choisit selon son bon plaisir les directeurs scientifiques!

En somme, l'objectif, depuis 1981, consiste à dévitaliser tout ce qui subsiste hors de l'État, tout ce qui possède un ressort propre et pourrait lui résister. Ainsi deviendra facile ensuite l'imposition à la société d'un « changement » idéologique. Telle apparaît la démarche présente du pouvoir aux auteurs de *la Liberté à refaire*, pléiade d'économistes, de juristes, de magistrats, d'historiens, de sociologues. Selon eux, cette évolution vers le monolithe ne se ralentit pas le moins du monde depuis le plan de rigueur, imposé par les circonstances : elle se poursuit avec moins de fracas qu'au début, mais tout autant d'efficace obstination.

Ce pouvoir, dira-t-on, n'est-il pas légitime, élu selon les règles ? Sans doute ; mais la démocratie consiste-t-elle à élire tout les sept ans un Grand Manitou qui ensuite annihile tout ce qui n'est pas lui ? Processus d'autant plus redoutable que l'État, tout occupé à ingurgiter les centres d'initiative qui lui sont encore extérieurs, fait de moins en moins bien son vrai travail, gouverne de plus en plus mal.

Nous arrivons loin, on le constate, du bon vieux dirigisme à l'ancienne. Et c'est sans doute ce

3. François Mitterrand a finalement perçu l'ampleur de cette réaction et a proposé, le 12 juillet 1984, une réforme constitutionnelle par référendum, en vue d'élargir les moyens de consulter l'opinion. Cette initiative avait en fait pour immédiat objet de permettre au président de retirer, sans paraître trop se déjuger, le projet de loi sur l'école, devenu un périlleux point de rupture entre la société civile et l'État. Sur le fond, M. Mitterrand déclara le 14 à TF 1 avoir « le sentiment sincère que (dans l'unité nationale) il y a quelque chose qui se brise ou qui risque de se briser ». L'avenir révélera l'étendue de cette sincérité. Du moins le président a-t-il donné acte de la distorsion croissante entre la disposition d'esprit du peuple et une certaine manière de gouverner. Le changement de ministère qui a suivi n'aura

mélange d'impotence et d'omnipotence qui provoque dans le public cette réaction nouvelle de rejet de l'État [3].

25 juin 1984.

de portée que s'il aboutit à une révision des structures qui ont donné à l'État un poids incompatible avec la liberté réelle de chaque citoyen. Le départ des ministres communistes devrait faciliter l'abandon de la doctrine tragique selon laquelle toute extension du pouvoir d'État constituerait un progrès de la justice sociale. (Note de juillet 1984).

FAUT-IL ÊTRE IGNORANT POUR GOUVERNER?

Le monde est-il mieux gouverné depuis qu'il est mieux informé? C'est sans doute une des questions les plus troublantes de notre époque, et une des plus décisives pour l'avenir de l'homme. Voilà quelques siècles, ou seulement quelques décennies, on pouvait imputer les aberrations des gouvernements et des peuples à l'ignorance, qu'excusait l'impossibilité de saisir une foule de données économiques, démographiques, géographiques même, dont la science existait à peine. Aujourd'hui, en revanche, avec la masse des informations à chaque instant disponibles, un gouvernement, une opinion publique ne se trompent et ne se jettent dans le malheur que s'ils l'ont bien voulu. Du moins est-on en droit de le penser.

Les hommes d'État, dit-on, sont munis d'informations confidentielles, précises, chiffrées, que n'a pas le citoyen ordinaire. J'en suis ravi pour eux. Mais on peut se demander s'ils commencent par prendre le temps de lire et de méditer le pactole d'informations tout à fait publiques et publiées qui paraissent chaque jour. On en doute, à entendre certains de leurs diagnostics, en contradiction souvent si manifeste avec des renseignements sur la réalité qui sont pourtant à la portée de tous.

Je songeais à ce paradoxe en me plongeant dans *Ramsés* (le « Rapport annuel mondial sur le système économique et les stratégies » pour 1983 et 1984), dû à l'Ifri, l'Institut français des relations internationales (Éditions Economica). Photographie de la situation mondiale, et, bien sûr, photographie analysée, interprétée, il a, ce qui est un indice, des frères jumeaux ou des rivaux : au même moment paraît en effet, à New York et à Londres, le rapport de l'Institut Worldwatch, intitulé en toute simplicité : « L'état du monde » (*The State of the World*, 1984). Cette seconde synthèse, d'inspiration différente, plus écologique, se situe davantage dans la postérité du Club de Rome. Les deux rapports ont le mérite de nous mettre sous les yeux une documentation internationale en la subdivisant avec clarté selon les problèmes et les régions du globe. Tous les lecteurs ne tireront pas de cette documentation les mêmes conclusions pratiques. Mais aucun décideur n'a le droit de la méconnaître, de propos délibéré ou non. Et cela malheureusement arrive avec trop de fréquence, ce qui rend oiseux le cliquetis des « projets de société » bâtis sur l'erreur.

Prenons l'exemple de l'abaissement de l'âge de la retraite. Cette revendication traditionnelle et respectable vient d'être satisfaite par les décideurs politiques au moment même où une connaissance élémentaire des données démographiques dans les pays industriels montre que nous nous précipitons, selon les mots de l'Ifri, vers une « Berezina des retraites ». Car la conjonction de l'allongement de la vie humaine et de la baisse de la natalité rendra de plus en plus insupportable et, ce qui est pire, insolvable le poids croissant des inactifs pensionnés sur le dos des actifs payeurs, chaque année moins nombreux. C'est pourquoi, lisons-nous dans *Ramsés,* si l'année 1983 a été marquée en France par l'instauration de la retraite à soixante ans, « au cours des années qui viennent, c'est le recul de l'âge de la retraite qui risque d'être au centre du débat ». Et la question du jour pourrait bien devenir demain celle de la retraite à soixante-dix ans! Heureux imprévu : cette amère pilule peut contribuer – mais oui! – à réduire le chômage parmi les moins de soixante ans.

Les connaissances démographiques commandent d'ailleurs la compréhension de plusieurs des crises de notre temps et donc leur solution. *Ramsés,* imprégné de l'œuvre d'Alfred Sauvy, me paraît, sur ce point comme sur bien d'autres, plus moderne et riche d'explications que le rapport Worldwatch. Ce dernier garde en effet intacte la thèse ancienne (1972) du Club de

Rome, selon laquelle limiter la population permettra de surmonter tout à la fois la malnutrition dans le tiers monde et le chômage dans le monde riche. Or l'Afrique, parmi les continents du tiers monde, conjugue le plus bas niveau de vie moyen et la plus petite densité de population sans être le plus démuni de capacités potentielles de production.

Quant aux pays développés, dont la natalité s'est mise à stagner, ou même à reculer par rapport aux décès, ils ne tirent aucun avantage de cet arrêt de leur fécondité. La pénurie d'hommes ralentit l'activité, ce qui raréfie encore davantage les emplois. Les redoutables conséquences économiques, sociales et culturelles des différences démographiques entre les peuples commencent à faire l'objet d'études fort alarmantes. Si plus de citoyens et de dirigeants politiques français avaient pris la peine de les consulter, ils auraient mieux compris, et peut-être prévu, l'ascension électorale du Front national de M. Le Pen. Car, comme il est naturel [1], tout pays riche sous-peuplé attire l'immigration, qui s'engouffre dans cette zone de basse pression démographique. De surcroît, plus la population d'accueil est clairsemée, moins la population immigrée peut s'y fondre, en adopter la culture et les coutumes. Quand, dans une école, le nombre des élèves d'origine

1. G.A. Dumont et Alfred Sauvy : *la Montée des déséquilibres démographiques* », Économica. 1984.

étrangère dépasse un certain seuil, la transmission de la culture française devient difficile. La population immigrée se replie donc dans des enclaves, ce qui suscite des réactions d'hostilité. On doit les condamner, à condition de ne pas négliger pour autant d'en explorer les soubassements démographiques et sociologiques. Sinon, l'on se voue à l'impuissance. Parler alors de « résurgence du fascisme » est un peu court, n'explique rien, ne remédie à rien.

Les grandes inconnues qui angoissent l'humanité se remplacent les unes les autres avec une rapidité fort instructive. Aujourd'hui, la chute de la démographie constitue probablement la maladie la plus grave pour les sociétés développées. Il y a dix ans, ou même cinq ans, tous voyaient dans la crise de l'énergie le péril le plus oppressant. Or la consommation mondiale d'énergie a baissé, contre toutes les craintes et toutes les prévisions. « Dorénavant, écrit un expert, l'économie peut progresser sans que les besoins d'énergie augmentent [2]. »

Les exportations de pétrole brut du Moyen-Orient ont diminué de moitié en trois ans , et, en 1983, la balance des paiements courants de l'ensemble des pays de l'Opep a été déficitaire de plus de trente milliards de dollars. On voit que nous sommes loin de la question, naguère à la mode, de savoir comment diable recycler les

2. Christian Gérondeau : *l'Énergie à revendre*, Jean-Claude Lattès, 1984.

pétrodollars! Bien mieux : certaines centrales nucléaires construites ou prévues pour remplacer le pétrole risquent fort de devenir à leur tour superflues.

Or ce renversement complet de situation se trouvait déjà amplement avéré lorsque plusieurs pays industriels, dont la France, ont signé en 1982 avec l'Algérie, et surtout l'URSS, des contrats fermes d'importation de gaz très supérieurs à leurs besoins et à des prix ruineux. Car tous les contrats gaziers sont libellés selon la formule *take or pay* : c'est-à-dire que l'acheteur doit payer au tarif convenu même les quantités dont il ne prend pas livraison. Comme on ne saurait imaginer que les gouvernements coupables de cette bévue ne disposaient pas des informations que tout le monde avait, il faut bien conclure qu'ils n'ont pas tenu compte des informations dont ils disposaient. Pour quelle raison? C'est bien là une des énigmes de notre temps, dans cet exemple comme dans bien d'autres.

Cet aveuglement tient-il à ce que les gouvernants n'ont pas le temps d'être attentifs aux « tendances lourdes », aux évolutions à long terme et aux transformations en profondeur? Le rapport entre le progrès technique et l'emploi, cette hypothèse révolutionnaire que nous nous acheminons peut-être vers la fin du travail [3], du moins vers des sociétés où le travail

3. Michel Drancourt : *la Fin du travail*, Pluriel, 1984.

humain deviendra marginal, voilà l'exemple d'une mutation que les politiques peuvent difficilement intégrer à leur action quotidienne. Ce n'est certes pas la seule.

Aussi le rapport de l'Ifri ne manque-t-il pas d'aboutir à l'interrogation qui est aujourd'hui sur toutes les lèvres : peut-on encore diriger une économie? Admettant que « le guidage de l'économie devient de plus en plus approximatif » et que les pouvoirs publics, un peu partout, sont de moins en moins capables d'assurer ce guidage, les auteurs de *Ramsés* constatent à leur tour « l'irruption de la société civile dans un domaine soumis jusqu'alors à un petit nombre d'acteurs ». Fort justement, ils rappellent que la révolte, en 1979, des contribuables californiens et le vote de la « proposition 13 » traduisaient, à en juger par les sondages, moins une insatisfaction vis-à-vis de l'impôt (9 % des interrogés) qu'une insatisfaction vis-à-vis des pouvoirs publics (36 %).

Ce sentiment est encore plus vif dans le tiers monde que dans les pays développés. Prenons deux des fléaux qui figurent parmi les principales causes de famine et de sécheresse : l'érosion des sols et les destructions de forêts, dont le rapport Worldwatch détaille les ravages. Il serait plus utile, mais plus difficile, plus ingrat, moins publicitaire, pour les dirigeants des pays ravagés, d'obvier patiemment à ces fléaux que d'aller clabauder dans les forums internationaux du « dialogue Nord-Sud ».

Les gouvernements qui ont choisi les stratégies de développement les plus dirigistes – Tanzanie, Algérie ou Mexique – ont fini par être parmi ceux dont les économies sont le plus tributaires de l'étranger. Les économies plus libérales d'Asie du Sud-Est supportent leur endettement, et sans contrôle du FMI, infiniment mieux que les Latino-Américains, pourtant si jaloux de leur indépendance. Sans doute, le contraste le plus frappant est-il celui qui oppose le naufrage de la Chine, type même de l'économie à planification centralisée, et l'Inde, restée en économie de marché. Parvenue à l'autonomie alimentaire, l'Inde a connu de plus un taux de croissance régulier de 3 à 4 % par an, malgré la crise. Les meilleurs résultats ont donc été obtenus là où les États, sans rester inactifs, ont renoncé à jouer les démiurges.

Bref, il vient de surgir depuis quelques décennies un écart, voire une rupture, entre la complexité du monde et la simplicité du pouvoir politique : j'allais dire l'archaïsme persistant de ce pouvoir. Le genre de discours qu'il peut tenir, de décisions qu'il peut prendre ou feindre de prendre, reste dominé par l'instant présent, l'effet à court terme, l'opinion immédiate. Si donc les hommes d'État font fi de la richesse d'informations que les sciences modernes mettent à leur disposition, ce n'est pas, du moins pas toujours, qu'ils soient intellectuellement inaptes à les utiliser. C'est qu'ils ont conscience d'avoir en main un instrument – le pouvoir hérité du passé – qui n'est pas fait pour les utiliser, qui ne leur permet pas de les convertir en actes.

2 juillet 1984.

TABLE

Cet ouvrage a été réalisé sur
Système Cameron
par la SOCIÉTÉ NOUVELLE FIRMIN-DIDOT
Mesnil-sur-l'Estrée
pour le compte des éditions Grasset
le 20 septembre 1984

Imprimé en France
Dépôt légal : septembre 1984
N° d'édition : 6499 – N° d'impression : 1141
ISBN 2-246-34361-5